Peter Knobloch

Rügen schmeckt

Kochen mit Kräutern und feinstem Salz

Fotografien von Lutz Grünke

2006
rügendruck putbus

Die Deutsche Bibliothek – CIP-Einheitsaufnahme

Knobloch, Peter:
Rügen schmeckt: Kochen mit Kräutern und feinstem Salz / Peter Knobloch. –
Mit Fotografien von Lutz Grünke. – Putbus / Insel Rügen: rügendruck putbus, 2006
ISBN 978-3-9808999-2-6

Circus 13, 18581 Putbus / Insel Rügen
1. Auflage 2006
Redaktion: Christina Knobloch
Illustrationen und unikates Porzellangeschirr: Kathrin Grünke, www.narrenkeramik.de
Fotos, Layout und Satz: Lutz Grünke
Gesamtherstellung: rügendruck putbus

Gedruckt auf chlorfrei gedrucktem Papier

Printed in Germany

ISBN 978-3-9808999-2-6

Vom Sinn des guten Kochens

Seit Jahren begleitet mich Oscar Wilde. Immer wieder beschäftigt mich ein Gedanke von ihm:

**„Allem kann ich widerstehen,
nur der Versuchung nicht."**

Die Versuchung hat viele Gesichter. Sie ist ein bunter Federbusch.
Versuch - Versuchung - Verlangen - Verführung ...
Als Koch erliege ich der ständigen Versuchung, Neues zu kreieren. Diese Leidenschaft erfordert all meine Sinne. Ich experimentiere, koche und genieße!

**„Allem kann ich widerstehen,
nur der Versuchung nicht."**

Seit einiger Zeit habe ich diese Zeile fest als Überschrift in meinen Gastgeberalltag eingebunden. Die Reaktionen meiner Gäste reichen beim ersten Lesen von heimlich verhuschtem Schmunzeln bis zu großer Vergnügtheit. Sie haben mich verstanden: Ich möchte sie in Versuchung führen. Sie lassen sich gern kulinarisch verführen und geben sich mit den dargebotenen Gaumenfreuden der Lust am guten Geschmack hin. Wenn ich dann nach dem Essen in die glücklichen Gesichter meiner Gäste schaue, erwacht der Egoist in mir.

**„Allem kann ich widerstehen,
nur der Versuchung nicht."**

Ich kann der Versuchung nicht widerstehen, mich von solch einem Moment zu neuer Kreativität inspirieren zu lassen. Meine Gäste zufrieden zu sehen, ihre positive Resonanz zu spüren ist das Wichtigste und Schönste an meiner Aufgabe. Ich liebe meinen Beruf! Er gibt mir Kraft und macht mich glücklich.

**„Allem kann ich widerstehen,
nur der Versuchung nicht."**

Mit meinem Buch möchte ich auch Sie, liebe Leser, in Versuchung führen! Neues auszuprobieren, zu kochen, mit Familie und Freunden zu kommunizieren und gemeinsam zu genießen ist immer einen Versuch wert.

Eine genussvolle Zeit wünscht Ihnen

Ihr Peter Knobloch

Die Kräuter

Es hat sie immer gegeben! Die Geschichte der Kräuter ist ebenso alt wie die Geschichte der Menschheit. Kräuter waren es, die Speisen würzten, Krankheiten heilten und über Hungersnöte hinweg halfen. Sie waren einfach da und somit als treue Begleiter von den Menschen gern akzeptiert.

Die heimischen europäischen Kräuter und die zarten Gartenpflanzen wurden im Laufe der Zeit von neueren Züchtungen und, durch die Entdeckung neuer Kontinente, durch andere Arten verdrängt. Der Meldespinat musste so im 15. Jahrhundert dem aus Asien stammenden Blattspinat weichen. Die Schwarzwurzel ließ die Haferwurzel schnell vergessen. Aus Amerika kamen verlockende Tomaten, Paprika, Bohnen und Kürbis auf unseren Kontinent.

All diese neuen Nutzpflanzen anzubauen und zu ernten war natürlich viel leichter, als wilde Kräuter und Gemüse mühevoll zu sammeln. Jede Züchtung von Gemüse und Küchenkräutern geht jedoch auf Wildkräuter zurück. Sie wurden durch Selektion und Kreuzung zu Küchenkräutern und feineren Gemüsesorten. Insbesondere in den Gärten der Klöster, in denen eine vorbildliche Pflanzenvielfalt herrschte, hat man sich mit ihrer Kultivierung befasst.

In der heutigen Zeit des Wohlstandes, in welcher Selbstversorgerwirtschaft nur noch die Ausnahme ist, ist auch die Vielfalt der Kräuter von

den Märkten verschwunden. Die Kleinerzeuger wurden von Massenproduzenten abgelöst, bei denen ein gesundes Pflanzenwachstum unter natürlichen Bedingungen keine Rolle mehr spielt. Dies geschieht auf Kosten der Vielfalt, der Inhaltsstoffe und des guten Geschmacks der Produkte - eine kaum wieder gut zu machende Verantwortungslosigkeit. In den letzten Jahren erleben die heimischen Kräuter endlich eine würdevolle Renaissance. Die Schatzkammern der Natur werden wieder neu entdeckt.

Es ist spannend, wilde Kräuter in das eigene Leben mit einzubeziehen. Schon im zeitigsten Frühjahr locken sie mit ihrem zarten, aromatischen Grün und den kleinen Sternenblüten. Sogar im Winter lassen sich einige robuste Arten wie Winterportulak und Rapunzel finden. Auf Gemüse- und Obstsorten dagegen muss man bis weit in den Sommer oder sogar Herbst warten. Ein Salat aus wilden Kräutern und Blüten ist im Frühjahr ein Erlebnis der ganz besonderen Art; ein Spinat aus Kräutern, wie Bärlauch, Brennnessel, Postelein oder Melde, ein gesundes und wohlschmeckendes Kräutergericht.

Wir sind immer wieder überrascht, welche Kräutervielfalt die Insel Rügen zu bieten hat. Auf fast unberührten Wiesen siedeln sich immer wieder neue Kräuter an. In regenreichen Zeiten wachsen auch ganz

andere Kräuterarten als in Trockenperioden. Es ist uns schon sehr bewusst, dass man mit dem Schatz der Insel sorgsam umgehen muss. Deshalb sammeln wir nur so viele Kräuter, wie wir auch tatsächlich benötigen.

Regelrecht verblüfft hat uns die Menge der Kräuter auf dem streng naturgeschützten Eiland Vilm. Es wurde uns ausnahmsweise von höchster Stelle gestattet, zu einem Menü, das dort für die königliche Hoheit des Prinzen von Wales und dessen geladene Gäste stattfand, die Kräuter vor Ort zu sammeln. Noch nie haben wir auf so engem Raum so viele Kräuter gefunden! Die zwanzig schönsten von ihnen zierten den Vorspeisenteller von Prinz Charles.

Durch eigene Erfahrung zu erkennen, dass die Natur die Kräuter mit schönsten Formen, Farben und Düften und auch mit vielfältigsten Strukturen und Geschmacksnuancen ausgestattet hat, ist schon außergewöhnlich. Unumstritten ist die Gesundheitsdienlichkeit der Kräuter. Um diese Wirkung für sich zu nutzen, sollte man selbst feststellen, welche Kräuter dem eigenen Geschmack und auch der persönlichen Bekömmlichkeit entsprechen.

Unendlich groß ist die essbare Kräutervielfalt im Verlauf der Jahreszeiten. Jede Saison liefert neue Genusspflanzen für die Küche. Sattgrüne, glänzende, kräftige Blätter und feste Stiele sind die Zeichen

einer frischen und gesunden Pflanze. Der beste Zeitpunkt zum Sammeln sind die frühen Morgenstunden. Über Nacht hat sich das Kraut regeneriert und die ätherischen Öle, die für das Aroma verantwortlich sind, sind noch fest eingebunden. Niemals sollte man dabei den zarten Mitteltrieb der Pflanze entfernen. Das Wachstum wird so nicht nur für lange Zeit unterbrochen, die Pflanze kann sogar absterben.

In der Küche lassen sich die Wildkräuter leicht zubereiten. Hierbei ist ein maßvoller Umgang mit ihnen der Weg zum wahren Genuss. Auf diese Weise angewendet, unterstützen und verstärken sie den Eigengeschmack von Fisch, Fleisch, Gemüse, Pasta, Käse und Backwaren wie Brot, Tarte und Kräuterkuchen. Mit hochwertigen, frischen Lebensmitteln und bestem Öl, Essig und Salz sprechen sie alle Sinne des Menschen an und wirken auf diese Weise stimulierend und belebend.

An dieser Stelle kann ich mir ein Wort in eigener Sache nicht verkneifen. Entgegen aller Parolen, die mir täglich auf mein Gemüt gehen, sage ich, dass nur gutes Essen glücklich macht. Und glücklich sein ist nun wirklich ein geiles Gefühl!

Das Salz

In seiner Blütezeit besaß Salz dieselbe wirtschaftliche Bedeutung wie heutzutage das Erdöl. Aus diesem Grund wurden Kriege geführt, Handelswege eröffnet und ganze Völker und Regionen gelangten zu Reichtum und Macht. Mit dem Salzhandel wurden Vermögen gemacht und wieder verloren, Städte gegründet und wieder verwüstet.
Venedigs Reichtum basierte fast ausschließlich auf dem Handel mit Salz, denn damit wurde mehr Geld verdient als mit seiner Gewinnung.
Salz ist ein lebenswichtiges und würzendes Mineral. In vielen Sprachen gibt es deshalb für Salz und Würze nur ein einziges Wort.

Feuchtes Meersalz mit Algen

Bei alten Kulturvölkern genoss das Salz sogar göttliche Ehren. In Babylon nannte man es „Die Speise der Götter", ohne die keine Mahlzeit gehalten werden konnte. Wenn ein Salzfass umgestoßen wurde, bedeutete dies, dass großes Unheil ins Haus stand. Salz und Brot sind noch heute Symbole des Friedens und der Gastfreundschaft.
Im Mittelalter tüftelten Alchimisten mit Salz, Mediziner behandelten Wunden damit, und Römer badeten darin. Oft übernahm Salz auch die Rolle des Geldes. Im alten Rom bestand die Entlohnung der Truppen nicht nur aus Münzen, sondern auch aus Salz. Im Italienischen bedeutet „sola" Salz. Aus diesem Wort wurde dann „soldo" (für Münze) abgeleitet, was ebenso für die Worte Söldner und Soldat zutrifft. Aus gleicher Zeit stammt auch „salarium", das Wort für Salär (Gehalt).
Salz galt lange Zeit als Zeichen von Reichtum und wies damit auf Wohlstand oder Armut hin. Noch am Anfang des

letzten Jahrhunderts starben viele Kinder aus armen Familien an Salzmangel. Die Menschen der oberen Gesellschaftsschicht konnten die Heilwirkung des Salzes in den berühmten solehaltigen Heilbädern bei Anwendungen und Trinkkuren genießen.
Salz zählt zu den ältesten Konservierungsmitteln. Man erkannte schon sehr früh, dass Lebensmittel durch das Einlegen in Salz haltbar gemacht werden können. Mikroorganismen haben bei hoher Salzkonzentration keine Lebensmöglichkeiten mehr. So konnten Bauern Missernten ausgleichen und in den Städten ernährte man sich in Notzeiten von eingesalzenen, gepökelten und getrockneten Nahrungsmitteln.
Es gab unterschiedliche Methoden der Salzgewinnung. Lagerstätten erkannte man dort, wo artesische Quellen

fleur de sel

aus der Erde sprudelten. Durch Eindampfen dieser Solen wurde das erste Salz gewonnen. Dieser Vorgang ist als Salzsieden beschrieben.
In der jüngeren Steinzeit wagten sich die Menschen in die Tiefen der Berge, um die verborgenen Salzlagerstätten bergmännisch abzubauen. Die bedeutendsten Lagerstätten im Norden Deutschlands befanden sich bei Lüneburg. Die Lüneburger Heide entstand durch das Abholzen der gesamten Waldbestände, denn man brauchte das Holz als Brennmaterial, um das Salz sieden zu können.
Salzgewinnung durch Verdunsten von Seewasser ist charakteristisch für die Meersalinen der südlichen Länder. Dazu wird in großen Becken Meerwasser gestaut, durch Sonnenwärme verdunstet und dann abtransportiert. Das feinste und wertvollste Meersalz ist das fleur de sel – „ Die Blume des Salzes". Seine großen, auf der Wasser-

oberfläche schwimmenden Salzkristalle werden vorsichtig mit Hilfe langer Stangen, nur von Frauen, abgeschöpft. Man vertritt die Meinung, dieses feine, leichtere Salz benötigt zarte Frauenhände. Dabei wurde jedoch übersehen, dass nach dieser „leichten" Arbeit salzgefüllte Körbe mit einem Gewicht von 40 Kilogramm auf dem Kopf getragen werden müssen.
Bei den alten Völkern galt Salz seit jeher als sehr geheimnisumwittert, weil es auf scheinbar unerklärliche Weise von der Erde hergegeben wurde, und weil schon geringe Mengen dieses lebenserhaltenden, gekörnten Schatzes eine hohe Geschmackswirkung hervorriefen. Dies empfanden die Menschen als heilig.
Heute ist es schwer vorstellbar, dass Salz einst so kostbar war. Schon immer reichlich in der Natur vorhanden,

Himalajasalz

waren seine Lagerstätten jedoch zu wenig bekannt, und der Abbau gestaltete sich schwierig. Beschwerlich war auch sein Transport durch gefahrvolle Gebiete, welcher nicht selten mit dem Leben bezahlt werden musste.
Auf der Basis von Salz entstanden später, im technischen Zeitalter, eigene Industriezweige, die in der modernen Welt den Hauptanteil des erzeugten Salzes zur Produktion benötigen.
Was den Menschen betrifft, ist es heute eher so, dass zu viel Salz gegessen wird. In erster Linie geschieht dies leider durch die Aufnahme ungesunder, vorgefertigter Nahrung, deren Salzgehalt oft zu hoch ist.
Auf Rügen spielte Salz im Leben der Fischer und Bauern immer eine große Rolle. Es wurde über den Seeweg per Schiff auf die Insel gebracht. Große Mengen davon kamen aus Lüneburg.
Es ist beschrieben, dass Fischer schon sehr früh ganze Heringsfänge einsalzten. Dies geschah in kleinen, rohr-

gedeckten Schuppen in Ufernähe - den Salzhäusern. Die Fischer trugen den Fang an Land und ihre am Strand versammelten Frauen bereiteten die Fische vor. Rogen und Milch verblieben dabei im Fisch. Dann erfolgte das Einsalzen in Fässer.
Den Salzhering nannte man auf Rügen Schellhering. In Mönchguter Dörfern kamen auch Flunder und Aal in die Salztonne. Der eingesalzene Aal wurde hier „Peekaal“ genannt.
Noch heute sind einige Standorte von Salzhäusern („Solthus“) auf Mönchgut bekannt. Das Göhrener Salzhaus etwa befand sich in der Nähe der Schwedenbrücke, deren Überreste man noch heute durch den Salzweg erreichen kann.

Kochsalz

Die Bauern kauften von den Fischern grüne Heringe und salzten sie für den Eigenbedarf ein. Für die Vorratshaltung wurde Fleisch aus eigener Schlachtung ebenfalls auf diese Weise in Fässer und Steintöpfe gebracht. Die Schinken salzte man vor dem Räuchern. Schichtweise wurde auch grüner Speck in Fässern mit Salz konserviert. Besondere Delikatessen waren gesalzene und danach geräucherte Enten- und Gänsebrüste, besser bekannt als Spickgansbrust. Auch Wild und Wildgeflügel wurden in ähnlicher Form haltbar gemacht.
Als Vorrat für den langen Winter auf Rügen diente in Salz eingelegtes Gemüse, insbesondere Sauerkraut und Salzgurken; und auch die Käseherstellung ist ohne Salz undenkbar.

Meine Salze –
eine gelungene Vermählung von Salz, Kräutern, Blüten und Früchten

Unsere Gäste haben sich in den letzten Jahren sehr an meine regionale Kräuterküche gewöhnt. Immer wieder drücken sie ihr Bedauern darüber aus, wie schade es doch sei, dass es im Winter kaum Kräuter auf der Insel gibt. Aber die Natur macht nun einmal auch bei uns eine Pause.
Trotzdem ging mir dieser Aspekt nicht mehr aus dem Kopf. Wie so oft, half mir ein Zufall. Im Winter sammle ich gern essbare Baumpilze in den Wäldern um Göhren. Trotz des milden Wetters ging ich, um nach ihnen zu schauen. Leider ohne Erfolg – es war einfach noch nicht kalt genug.
Ich bin es nicht gewohnt, mit leeren Händen nach Hause zu kommen. Mit den Jahren hat sich wohl ein Beuteinstinkt bei mir ausgeprägt. Schließlich fand ich unter dem Laub und an geschützten Stellen noch prächtige Kräuter, die als delikater Salat unser Abendessen bereichern sollten. Beim Zubereiten des Salates fiel mir eine Dose mit bestem Meersalz in die Hände – und mir kam eine Idee …
Das Resultat war der Prototyp meines grünen Kräutersalzes, welches schon ein recht ordentliches Aroma aufwies. Welche Würzkraft mochte das Kräutersalz wohl erst haben, wenn es mit den viel aromareicheren Frühlings- und Sommerkräutern hergestellt würde?

Rosenblütensalz

Den ganzen Winter verbrachte ich mit großer Experimentierfreude und dem Ausfeilen meiner Idee vom grünen Wiesenkräutersalz. Man sah mich oft Kräuter unter der Schneedecke hervor graben und hielt mich natürlich für „völlig übergeschnappt". Aber ich war besessen vom Ausprobieren! Im Frühling war meine Herstellungsmethode dann ausgereift - gerade rechtzeitig, um vom ersten Bärlauch aus dem Putbusser Park ein Bärlauchsalz herzustellen. Es war ein wundervolles Produkt mit sehr intensiver Würzkraft. Es folgten ein Salz von Wiesenkräutern und ein Rosenblütensalz, das ich von den wilden, selbst gesammelten Rosenblüten der Rosa Rugosa herstellte. Im Spätherbst kam dann das Sanddornsalz dazu.
Die Insel Rügen ist für ihren Reichtum an Sanddornbüschen bekannt. Sanddorn hat einen sehr hohen Gerbstoffgehalt, der sich nach den ersten Frösten stark verringert. Erst dann kann man ihn eigentlich verarbeiten. Wir sammeln den Sanddorn an sonnigen Herbsttagen und spielen der Natur einen Streich, indem wir die Beeren ein paar Tage in das Tiefkühlhaus stellen.
Alle meine Salze unterscheiden sich von den herkömmlichen dadurch, dass das Salz nicht mit getrockneten Substanzen vermengt wurde, sondern Kräuter, Blüten und Früchte in absolut frischem Zustand eine Liaison mit dem besten Meersalz, dem fleur de sel der bretonischen Küste, eingehen. Auf diese Weise habe ich mich wieder auf eine der ältesten Konservierungsmethoden unserer Vorfahren besonnen. Jedes dieser Salze kann man, nach

Wiesenkräutersalz

individuellem Geschmack, schon bei dem Zubereiten der Speisen und als Tischsalz einsetzen. Sie besitzen eine farbenfrohe Optik und einen typischen, aromatischen Duft.
Das Wiesenkräutersalz besticht mit zarten Kräuteraromen und das Bärlauchsalz kann seine Verwandtschaft mit dem Knoblauch nicht verhehlen. Das Rosenblütensalz duftet so blumig und das Sanddornsalz so fruchtig, dass man gerade bei ihnen schnell vergessen könnte, dass es sich um ein Salz mit sehr intensiver Würzkraft handelt. Deshalb sei hier noch einmal betont: Nur die richtige, eher verhaltene Dosierung führt zum Erfolg. Nach einiger Übung und geschicktem Einsatz lassen sich die Geschmacksnuancen der verschiedenen Produkte hervorheben. So kann sich ein ganz individueller Kochstil herauskristallisieren.
Beim Experimentieren mit dem Wiesenkräutersalz habe ich auf diese Weise eine ganz neue und sehr einfache Methode der Spinatzubereitung für mich entdeckt. Klassische und nicht weg zu denkende Zutaten zum Spinat waren bisher immer Salz, Pfeffer und Muskatnuss. Meinen Spinat stelle ich gern mit verschiedenen Wildkräutern her. Sehr gut eignen sich zum jungen Blattspinat die Blätter von den unterschiedlichen Meldesorten, Bärlauch, Brennnessel und Postelein. Selbstverständlich kann man die Kräuter auch sortenrein zu Spinat verarbeiten. Sowohl ein reiner Brennnesselspinat oder auch ein Bärlauchspinat sind im zeitigen Frühjahr sehr empfehlenwert.

Bärlauchsalz

Gut verlesene und saubere Blätter werden mit ein wenig Öl und etwas Wasser in eine hohe Pfanne gegeben und abgedeckt. Nach dem Zusammenfallen der Blätter auf kleiner Flamme bedarf es nur noch des Wiesenkräutersalzes und einer Butterflocke. Das Ergebnis ist fabelhaft, denn der mineralische Spinatgeschmack wird optimal unterstrichen. Jedes weitere Gewürz würde nur noch stören.
Unter Verwendung meiner Salze müssen auch keine Kräuter mehr gesammelt werden, um einem selbst gebackenem Brot oder einem Dressing eine Kräuternote zu verleihen.
Die Jakobsmuschel, gewürzt mit Rosenblütensalz, erfährt eine geschmackliche Krönung. Die feine Säure, die dieses Salz mit sich bringt, unterstreicht den Eigengeschmack fast aller Gerichte von Fischen und Meeresfrüchten. Bei diesen gegarten Produkten ist es ratsam, sie kurz vor dem Anrichten mit warmer Butter zu bestreichen und dann mit dem entsprechenden Salz zu bestreuen. Die Salzkristalle schmelzen auf der heißen Oberfläche und würzen so optimal.
Selbst ein Frühstücksei, ein simples Butterbrot und Frischkäse werden zum Erlebnis, wenn man die unterschiedlichen Salze in kleinen Mörsern zum Experimentieren auf den Tisch stellt.

Anhand der Rezepte in diesem Buch möchte ich meine Erfahrungen gern an Sie weitergeben.

Sanddornsalz

Zutaten für 4 Personen

Sorbet
500 g Äpfel
100 ml Apfelsaft
1 sehr grüne Limette (unbehandelt)
100 g Staubzucker
50 ml Öl
50 g Bronzefenchel

Sorbet

Die gewaschenen und geschälten Äpfel vierteln, vom Kerngehäuse befreien und in Scheiben schneiden. Apfelsaft mit dem Staubzucker zum Kochen bringen. Die Apfelscheiben hinzufügen, kurz aufkochen und sofort auf Eiswasser kalt rühren. Die fein geriebene Schale und den Saft der Limette sowie das Öl hinzufügen und alles mit dem Stabmixer zu einer glatten Masse pürieren. Den sehr fein gehackten Bronzefenchel zum Schluss einmischen und die fertige Masse in einer Eismaschine oder Sorbetière frieren.

Anrichten

Mit Hilfe eines heißen Löffels das Sorbet zu Nocken in gewünschter Größe formen. Den dünn geschnittenen Lachs darauf platzieren und mit Bronzefenchel dekorieren. Erst dann wird der Fisch mit Rosenblütensalz bestreut.

Mein Tipp für Sie

Statt des Lachses können Sie auch jede andere Fischsorte verwenden. Es ist weniger wichtig, welchen Fisch Sie verwenden, sondern dass er sehr frisch ist.

Noch einige Worte zum frischen Fisch:
Wenn Sie die Möglichkeit haben, sollten Sie immer einen frischen Lachs filetieren oder filetieren lassen.

Die Frische des Fisches erkennen Sie an:
seinem Geruch - er riecht nicht nach Fisch, sondern frisch nach dem Gewässer, aus dem er kommt;
den Augen - sie sind prall und klar;
den Schleimhäuten - der Fisch ist damit überzogen und unverletzt;
den Kiemen - sie sind dunkelrot und sauber;
der Konsistenz - bei Druck mit dem Finger auf die Oberfläche des Rückens entsteht durch die Spannung kein bleibender Abdruck.

Lachs-Sashimi auf Apfel-Limetten-Sorbet

Ein etwas ungewöhnlicher, aber sehr schmackhafter Appetitanreger: Frischer, roher Wildlachs auf einem Sorbet von Äpfeln, dessen Geschmack von der feinen Säure der Limetten unterstützt wird. Dieser Starter ist gerade in der warmen Jahreszeit äußerst animierend.

Zutaten für 4 Personen

Zutaten
500 g Weizenmehl
320 ml Wasser
15 g Wiesenkräutersalz
2 g Zucker
1 Päckchen Trockenhefe
30 ml gutes, kalt gepresstes Rapsöl oder Kräuteröl

10 ml hochwertiges Kräuteröl zum Bepinseln der Stangenbrote

Wiesenkräuterbrot

Mehl, Wiesenkräutersalz, Zucker und Trockenhefe werden in einer großen Schüssel miteinander vermengt. Das warme Wasser und das Öl (Zimmertemperatur) werden mit den anderen Zutaten zu einem glatten Teig verknetet. Nun den Teig leicht mit Mehl bestäuben und bis zu seinem dreifachen Volumen, mit einem Tuch abgedeckt, an einem warmen Ort gehen lassen. Den Teig auf die bemehlte Arbeitsfläche geben, durchkneten und 6 lange, dünne Brotlaibe formen. Auf ein mit Backpapier versehenes Backblech mit genügend großem Abstand voneinander legen. Mehrmals einschneiden und nochmals, abgedeckt und warm gestellt, gehen lassen. Die Einschnitte sind dann durch das Treiben glatt gezogen. In der vorgeheizten Röhre 30 Minuten bei 180° C zu Stangenbroten backen. Aus dem Ofen nehmen und noch heiß mit heißem Wasser oder, wie ich es bevorzuge, mit einem hochwertigen Kräuteröl bestreichen. Das Brot wird dadurch knuspriger und bleibt auch länger frisch.

Mein Tipp für Sie

Es handelt sich bei diesem Rezept um die einfachste Variante, ein Kräuterbrot herzustellen. Sie brauchen nicht auf Kräutersuche zu gehen. Wenn Sie möchten, können Sie dem Grundteig jedoch frische Kräuter nach Ihrem Geschmack zufügen. Statt des Wiesenkräutersalzes bietet sich auch unbedingt mein Bärlauchsalz an.

Stangenbrot mit Wiesenkräutersalz

Zutaten für 4 Personen

Zutaten
1,5 kg vollreife Strauchtomaten
(ergeben ca. 700 ml klaren Tomatensaft)
1 EL Kräuteressig
50 g Zucker
Wiesenkräutersalz
Pfeffer aus der Mühle
10 Blatt Gelatine
8 Kirschtomaten
8 Blätter Basilikum
8 Blätter Sauerampfer
8 Blätter wilde Rauke (oder Ruccola)
8 Blätter Brunnenkresse
50 g Büffel-Mozzarella

Klarer Tomatensaft

Am Vortag werden die Strauchtomaten in grobe Würfel geschnitten, mit Essig, Zucker, Pfeffer und Wiesenkräutersalz vermengt und mit dem Stabmixer püriert. Über Nacht langsam und ohne Druck durch ein Sieb tropfen lassen, das mit einem Leinentuch ausgelegt wurde. Es entsteht ca. 0,7 Liter klarer Tomatensaft.

Tellersülze

Am Tag darauf wird die Blattgelatine in kaltem Wasser eingeweicht. Tiefe Teller gut vorkühlen. Die Kräuter werden gut gewaschen und abgetrocknet. Die Tomaten und den Mozzarella in gleich große Rauten schneiden und kalt stellen. Den klaren Tomatensaft langsam auf 80° C erhitzen. Die gut ausgedrückte Blattgelatine in den warmen Tomatensaft geben, nach Geschmack mit Salz und Pfeffer nachwürzen und warten, bis sich die Gelatine aufgelöst hat. Die kalten Teller werden mit den Kräutern ausgelegt und mit den Rauten von Tomate und Mozzarella dekoriert. Langsam mit dem abgekühlten Tomatensaft auffüllen und leicht anziehen lassen. Dies muss ganz vorsichtig geschehen, denn die eingelegten Zutaten dürfen nicht aufschwimmen. Die Teller kalt stellen, gelieren lassen und gekühlt servieren. Sehr dekorativ wirkt dieses Gericht auch, wenn es in einem schönen, gekühlten Glas angerichtet wird.

Tellersülze mit Kirschtomaten, Kräutern und Mozzarella

Zutaten für 10 Personen (Vorspeisenportion) oder für 4 Personen als Hauptgericht

Zutaten
300 g gepökeltes Fleisch vom Rind und Schwein
100 g Kartoffeln
50 g Zwiebeln
50 g Möhren
50 g Knollensellerie
50 g Gewürzgurken
100 g eingelegte rote Bete
1 Lorbeerblatt
3 Pfefferkörner
Muskat
Salz
Zucker
Pfeffer aus der Mühle

zur Vollendung
einreduzierter Saft von roter Bete
10 Wachteleier
30 g Butter

zur Garnierung
1 Heringsfilet
Kürbis süß-sauer
rote Bete
Kerbel

Labskaus

Das Fleisch wird in grobe Streifen geschnitten und, mit Wasser bedeckt, unter Zusatz der Gewürze ca. 1 Stunde leise gar gekocht. Die geputzten Gemüse und die geschälten Kartoffeln werden grob zerteilt, in die Brühe gegeben und ebenfalls gar gekocht. Das Fleisch und die Gemüse aus der Brühe heben und unter Zugabe der Gewürzgurken und der roten Bete durch den Fleischwolf drehen. Masse in einen Topf geben und unter Zugabe von Brühe und durch ständiges Rühren zu einem stabilen Brei erhitzen. Mit Salz, Pfeffer aus der Mühle und Muskat abschmecken. Kurz vor dem Anrichten mit einreduziertem Saft der roten Bete geschmacklich und optisch vollenden.

Anrichten

Wachteleier braten und auf dem angerichteten Labskaus als Setzei platzieren. Mit roter Bete, Kürbis und Kerbel garnieren. Einen feinen Streifen von Salzheringsfilet kann man anlegen oder extra reichen, jedoch niemals mit in die Labskausmasse einarbeiten.

Mein Tipp für Sie

Unter Zugabe von Röst- oder Bratkartoffeln mit gebratenen Hühnereiern kann Labskaus in größeren Portionen auch als Hauptgericht dienen.

Rügener Labskaus

Blätterteigstangen
Blätterteigplatten
1 Ei

Vollendungsbeispiele
Kümmel
Sesam
Schwarzer Sesam
Kürbiskerne
Käse
Wiesenkräutersalz
Bärlauchsalz
Paprika
Schwarzkümmel

Blätterteigstangen

Die Blätterteigstangen sind eine Alternative zu Brot und anderem Gebäck als Appetitanreger. Sie sind gute Begleiter zu Salaten und kalten Vorspeisen. Hervorragend passen sie zu leichten, klaren Suppen und zu kleinen Gerichten aus der warmen Küche. Aus Gründen des Zeitaufwandes und der guten Qualität sollte man sich nicht scheuen, Blätterteig als Tiefkühlprodukt zu verwenden. Die Blätterteigplatten werden leicht angetaut und mit dem Messer in Streifen geschnitten. Ein Ei mit etwas kaltem Wasser verrühren, die Teigstreifen damit bestreichen und auf einem mit Backpapier ausgelegtem Blech platzieren. Mit den ausgewählten Zutaten vollenden und bei 180°C goldgelb backen. Die Blätterteigstangen sind schnell und unkompliziert herzustellen. Man kann seiner Fantasie hierbei auch freien Lauf lassen und mit Hilfe von Teigrad und Ausstechformen individuelle Varianten herstellen.

Blätterteigstangen

Frisch gebacken und sofort serviert sind sie so einfach und so gut: fedrig-blättrig und leicht – ganz ohne Treibmittel! Blätterteiggebäck reichte man klassisch schon immer zu hellem Ragout und Frikassee. Als Teigkörbchen gebacken, wird sogar darin angerichtet. Man nennt diese Blätterteighülle noch heute Vol-au-vent, was „es geht in die Luft" bedeutet.

Kräuter
Vogelmiere
Sauerampfer
Giersch
Schafgarbe
wildes Karottengrün
Wiesenkerbel
Klee
Malvenblätter
Melde
Spitzwegerich

Blüten
Gänseblümchen
gemeiner Lein
Malve
Ackerstiefmütterchen
Glockenblume
Blüte des Borretsch
Kapuzinerkresse
Ringelblume
wilde Wicke

Wildkräutervinaigrette
1 Eigelb
20 ml Kräuteressig
40 g Honig
100 ml Rapsöl, kalt gepresst
Wiesenkräuter- oder Bärlauchsalz
Saft einer halben Zitrone
Zucker
Pfeffer aus der Mühle

Wildkräutervinaigrette

Alle Zutaten werden mit dem Rührbesen gut vermengt – und fertig ist das Dressing.

Übrigens

Das Wort Salat bedeutet eigentlich „Gesalzenes". Die Römer salzten ihr Grünzeug, weil sie der Überzeugung waren, dass die natürliche Bitterkeit der Pflanzen durch das Salz gemildert wird.

Salat aus Früchten des Gartens und Kräutern von der Wiese mit Wildkräutervinaigrette

Es macht uns immer wieder sehr viel Freude, Kräuter für Salate auf unserer Kräuterwiese zu sammeln. Es ist sinnlich und entspannend. Im Frühling, wenn die Bäume noch unbelaubt sind, finden sich aromatische Kräuter auch im Wald. Zu ihnen gehören das Scharbockskraut, Sauerklee, Klettkraut, wilder Schnittlauch und Bärlauch. Ganz egal in welcher Vegetationszeit man einen Salat aus der Natur komponieren möchte – zur Vollendung bieten sich daneben immer die Kräuter und essbaren Blüten aus dem eigenen Garten an. Entscheidend für den Genuss eines Salates ist stets das Dressing oder die Salatsauce. Um aromatische, gesunde und schmackhafte Salatbegleiter herzustellen, sind hochwertige Öle, Essige und feine Salze unentbehrlich. Dann ist es so einfach! Für reine Blattsalate oder Varianten mit Tomaten und Gurken sollten immer frische gehackte Kräuter in das Dressing eingerührt werden.

Zutaten für 4 Personen

Thunfisch & Sauce
400 g Thunfischfilet
150 ml Olivenöl
1 Eigelb
24 eingelegte Bärlauchblütenknospen oder Kapern mit Fond
1 Schalotte
1 gelbe Paprikaschote
100 ml Weißwein
Meersalz
weißer Pfeffer aus der Mühle
Zucker

Mayonnaise
Eigelb
2 Tropfen Zitronensaft
1 Messerspitze Senf
Olivenöl

Mayonnaise

Das Eigelb wird mit dem Zitronensaft und dem Senf verrührt. Dann wird das Olivenöl tropfenweise mit dem Schneebesen eingerührt, bis die Sauce cremig und glänzend anzieht.

Bärlauchblütenknospen

Aus Wasser, Kräuteressig, Salz und Zucker wird ein kräftiger Sud gekocht. Die grünen, fest verschlossenen Knospen des Bärlauchs werden mit Stiel in ein rechteckiges Gefäß sortiert, mit dem Sud übergossen und abgedeckt. Nach einer Woche kann man die Knospen verarbeiten.

Thunfischfilet

Das Thunfischfilet wird pariert. Das bedeutet, dass man das Filet von dünneren, überstehenden und oft von Sehnen durchwachsenen Teilen befreit, so dass eine gleichmäßige, rechteckige Form entsteht. Das so vorbereitete Thunfischfilet wird rundherum gesalzen und in einer sehr heißen Pfanne mit ein wenig Öl von allen Seiten sehr kurz angebraten. Eigentlich rollt man das Filet, wie in Zeitlupe, nur langsam über den Pfannenboden. Durch das Braten erhält das Filet eine feste, stabile Form. So vorbereitet, wird das Filet im Kühlschrank bereitgestellt.

Sauce vom Thunfisch

Beim Parieren des Filets sind ca. 150 g Fischabschnitte angefallen. Sie werden mit Schalottenwürfeln angeschwitzt, mit Weißwein abgelöscht und der entstandene Sud eingekocht. Nach dem Abkühlen wird die Masse im Küchenmixer püriert und mit Meersalz, Zucker und Pfeffer aus der Mühle gewürzt. Nun wird die Mayonnaise mit eingemixt, bis eine cremige Sauce entsteht. Mit Hilfe des Essigfonds der Bärlauchknospen (oder des Kapernfonds) kann man dieser Thunfischsauce einen pikanten Touch verleihen.

Mein Tipp für Sie

Eine Alternative zu den Knospen des Bärlauchs ist die Verwendung von Kapern.

Thunfischfilet, rare
mit eingelegten Bärlauchblütenknospen

Sagt man Sushi, denkt man sofort an rohen Fisch. Aber es gibt Unterschiede. Traditionell sind Sushi häppchengroße, kunstvolle Kreationen von kompaktem, kalten Reis mit allerlei rohen, absolut frischen Delikatessen, wie Fisch, Tintenfisch, Seepolypen und andere Meeresfrüchte, Algen, Gemüse, Eier oder Tofu. Sie werden mit gesäuerten Ingwerscheiben zu grünem Tee gereicht. Wenn man, so wie hier, absolut frischen, rohen Fisch pur genießen möchte, ist die richtige Bezeichnung dafür eigentlich Sashimi. Der Fisch wird mit Spezialmessern in Happen zerlegt, wobei die Präsentation dieser raffinierten Kreationen oft den Höhepunkt eines Festessens in Fernost bildet. Am Rande sei bemerkt, dass die Sashimi dort aus noch lebenden Tieren geschnitten werden. In Europa geschieht dies mit frisch getöteten Fischen. Die wichtigste Voraussetzung ist absolut frischer Fisch. Ich habe hier auf der Insel Rügen die Möglichkeit, meinen Fisch direkt vom Fischer am Kutter zu kaufen. Wer die Chance hat, beispielsweise einen Ostseewildlachs auf diesem Wege zu erstehen, ihn sofort mit einem scharfen Messer filetiert, hauchdünn tranchiert und leicht gesalzen genießt, der weiß, wie dehnbar der Begriff „Frische“ sein kann.

Bei meinem Sashimi-Potpourri habe ich all meine Lieblinge aus dem Meer verwendet. Vorstellen möchte ich sie Ihnen in der Reihenfolge von links nach rechts:

Wildlachs-Tatar
angemacht mit feinen Schnittlauchröllchen, Schalottenwürfeln, grobem Senf, Meersalz und Pfeffer.

Wildlachsfilet und Boddenzander
aus den Ostseegewässern, verfeinert mit verschiedenen Salzen aus meiner eigenen Produktion.

Lachsforelle
auch aus der Ostsee, die nur von Kennern vom Ostseewildlachs zu unterscheiden ist, verfeinert mit Wiesenkräutersalz.

Thunfisch
leider nicht aus der Ostsee. Obwohl in fast allen Weltmeeren beheimatet, hat er den Weg zu uns noch nicht gefunden. Es gibt wohl kaum einen Fisch, der besser für den rohen Verzehr geeignet ist.

Steinbuttfilet
aus der dünnen Seite geschnitten, verfeinert mit Rosenblütensalz.
Übrigens: Im alten Hotel „Adlon“ zu Berlin wurden diese Teile des Steinbutts zu Gerichten für die Angestellten verarbeitet, weil dem gut betuchten Hotelgast nur das hohe Filet präsentiert wurde.

Gebeizter Lachs
mit Kräutersenf gefüllt und auf Gurkenscheiben platziert.

Ohne Frage möchte ich Ihnen zu allen Sashimi-Gerichten unbedingt traditionelle asiatische Ingredienzen empfehlen. Dazu zählen Sojasauce, Wasabi (ein sehr scharfer Meerrettich), marinierter Ingwer und Sesam.

Sushi auf meine Art

Rezeptur
Frühling & Sommer
1 kg Lachsfilet mit Haut
300 g Salz
200 g Zucker
20 g Wiesenkerbel
20 g Wiesenkümmel
20 g Sauerampfer
20 g Bärlauch
20 g Schafgarbe
20 g wilde Rauke

Rezeptur
Herbst & Winter
1 kg Lachsfilet mit Haut
300 g Wiesenkräutersalz
200 g Zucker
30 g Dill
30 g glatte Petersilie

10 Wacholderbeeren
1 TL grober, weißer Pfeffer aus der Mühle

Beizen

Alle Kräuter werden gut gewaschen, im Küchentuch geschleudert und fein geschnitten. Die Wacholderbeeren im Mörser zerdrücken. Alle Kräuter und Gewürze werden mit Salz und Zucker vermischt. Die Hälfte des Lachsfilets mit der Hautseite nach unten in ein entsprechendes Gefäß legen. Die Gewürzmischung wird darauf verteilt und leicht angedrückt. Das verbliebene Filet wird mit der Hautseite nach oben auf die Gewürzmischung gelegt und mit Klarsichtfolie abgedeckt. Damit der nötige Druck entsteht, wird das Lachsfilet mit einem flachen Gefäß abgedeckt und beschwert. Nach 24 Stunden im Kühlschrank gebeizt, ist der Lachs verzehrbereit. Bei kleinen oder sehr flachen Filets verkürzt sich die Verweildauer in der Beize.

Empfehlenswerte Varianten zu diesem Thema:
Rosenblütensalz in Kombination mit roten Pfefferbeeren und
Sanddornsalz in Kombination mit feinen Streifen von der Schale unbehandelter Orangen

Mein Tipp für Sie

Grundsätzlich gilt für gebeizten Fisch: Je länger gebeizt wird, desto fester wird er in der Konsistenz und desto kräftiger im Geschmack. Möchten Sie einen sehr zarten Fisch, sollte die Beizzeit kurz sein. Das Einstreichen mit hochwertigem Öl kann mildernd und aromatisierend wirken.

Gebeizter Wildlachs aus der Ostsee

Zutaten für 4-6 Personen

Terrine von Frischkäse
300 g Frischkäse
je nach Geschmack von Kuh, Ziege oder Schaf
100 g fein geschnittene Kräuter ohne Stiele
Saft einer Zitrone
6 Blatt Gelatine
200 ml Schlagsahne
Zucker
Wiesenkräutersalz
weißer Pfeffer aus der Mühle

zur Dekoration
ein Tupfer Schlagsahne
zarte Kräuterblätter und Blüten

Dressing
Saft einer Zitrone
1 Eigelb
40 g Honig
20 ml weißer Balsamessig
100 ml kalt gepresstes Rapsöl
2 Zweige Zitronenverbene
Salz
Zucker
weißer Pfeffer aus der Mühle

Frischkäseterrine

Die Blattgelatine wird in kaltem Wasser eingeweicht. Alle Kräuter, die Sie nach Ihrem Gusto gesammelt haben, werden gründlich gewaschen, die Blätter von den Stielen gezupft, sehr fein geschnitten und zum Frischkäse gegeben. Mit einem Stabmixer wird diese Masse unter Zugabe von Wiesenkräutersalz, Zucker und Pfeffer püriert. Der Zitronensaft wird lauwarm erhitzt und die ausgedrückte Gelatine darin aufgelöst. Mit einem Schneebesen zügig in die Frischkäsemasse rühren und dann sofort die geschlagene Sahne unterheben. Noch bevor die Masse anzieht, muss sie in die bereitgestellten Förmchen gefüllt sein. Eine Stunde gut durchkühlen, damit sie danach gestürzt werden können.

Dressing

Blätter von den gewaschenen Zweigen der Zitronenverbene zupfen und fein schneiden. Zusammen mit dem Eigelb, dem Zitronensaft, Balsamessig, Salz, Zucker, Honig und Pfeffer im Becher aufmixen. Dabei nach und nach das Öl bis zur leichten Bindung einfließen lassen.

Malvenblütensalat

Malvenblüten in größtmöglicher Farbenvielfalt und die in den unteren Blattachsen entstandenen Früchte sammeln. Gewaschene Blüten auf einem großen Teller ausbreiten und Früchte aus den Kelchblättern schälen. Die Früchte in Öl anrösten und über die Blüten streuen.

Anrichten

Die Frischkäseterrine aus den Formen stürzen, mittig zwischen die Blüten platzieren und mit einem Tupfer Schlagsahne, den zartesten Kräuterblättern und Blüten dekorieren. Dressing schaumig mixen und vorsichtig über den Blütensalat geben. Serviert wird diese Vorspeise mit den Blätterteigstangen nach dem Rezept in diesem Kochbuch.

Mein Tipp für Sie

An dieser Stelle möchte ich erwähnen, dass es eine Senf- und Ölmühle im Kloster Rühn in Mecklenburg gibt, von der wir hochwertige, kalt gepresste Rapsölsorten beziehen.

Frischkäse-Terrine auf Malvenblütensalat mit gerösteten Malvennüsschen und Dressing von der Zitronenverbene

In kaum einem norddeutschen Garten fehlen sie, die wunderschönen, stolzen Malven. Auf der Insel Rügen sieht man sie jedoch ganz besonders oft in allen Farben und Formen. Ganz berühmt sind die vielen Malven- und Stockrosensorten im Garten des Pfarrwitwenhauses in Groß Zicker auf unserer Halbinsel Mönchgut. Auch in ihrer wilden Form ist die Malve auf Rügen stark verbreitet. Unsere Gäste sind immer wieder überrascht, dass fast alle Teile dieser Pflanze essbar sind. Beißt man in eine pralle, sich gerade öffnende Knospe der Stockrose, hat man das Gefühl, man beiße in einen Apfel, und probiert man die grünen Früchte, ist es so, als esse man kleine grüne Haselnüsse. Junge, zarte Blätter, Sprosse und Blüten sind als Salat oder Spinat nicht nur optisch ein Genuss. Alles in allem sind wir uns einig, dass die Malve zu unseren Blüten tragenden Lieblingskräutern gehört.

In fast jeder Küche entstehen regelmäßig verschiedene Fonds und Brühen. Ob beim Blanchieren von Gemüse oder beim Garziehen von Fisch oder Fleisch, stets bleiben scheinbar überflüssige Garflüssigkeiten in den Töpfen zurück oder verschwinden sofort mit dem Abgießen. Sie mit Hilfe von Mehl oder anderen Bindemöglichkeiten zu schweren Suppen oder Saucen zu verarbeiten, erscheint oft nicht erstrebenswert. Aber nun Schluss mit dieser Verschwendung – denn es geht auch anders! Es ist weitläufig bekannt, dass ein leichtes Süppchen die Geschmacksknospen anregt, den Magen erwärmt und dadurch die Genussfähigkeit erhöht.

Hier meine einfache Methode, ein leichtes Süppchen mit besonderer Wirkung herzustellen:
Eine ungewürzte Geflügelbrühe wird durch Kochen weiter reduziert, um den Eigengeschmack noch zu erhöhen. In 300 Milliliter Brühe gibt man dann 80 Gramm kalte Butterwürfel. Als Höhepunkt fügen Sie nun nach Ihrem individuellen Geschmack Wiesenkräutersalz hinzu. Mit dem Stabmixer schäumt man solange auf, bis die Hälfte der Suppe zu Schaum geworden ist. In vorgewärmten Tassen sollte man dieses Süppchen so heiß wie möglich servieren. Es ist wirklich überraschend, welche intensiven Geschmacksnuancen beim langsamen Nippen der heißen Brühe durch den Schaum zutage treten. Sie werden erleben, dass dieser Genuss seine Wirkung in Ihrem Munde nicht verfehlt (siehe Überschrift). Seit dieser Erfahrung nehme ich die Redewendung „DAS SALZ IN DER SUPPE“ wörtlich.

Weitere Möglichkeiten, ein Süppchen dieser Art zu zaubern, ergeben sich aus folgenden Kombinationen:
Fischfond mit Sanddorn- oder Wiesenkräutersalz
heller Tomatenfond (siehe Rezept Tellersülze in diesem Kochbuch) mit Bärlauchsalz
Geflügelfond mit Sanddorn- oder Bärlauchsalz
Krebsfond mit Rosenblütensalz
Gemüsefond (ganz besonders Spargelfond) mit Wiesenkräutersalz
Hier tut sich Ihnen ein Experimentierfeld auf, dessen Grenzen Sie nach individuellem Geschmack selbst abstecken können.

DAS SALZ IN DER SUPPE

- Der kürzeste und sicherste Weg zum Gaumenorgasmus -

Zutaten für 4 Personen

Wiesenkräutersuppe
70 g Butter
50 g Schalottenwürfel
200 g Knollensellerie
100 g Petersilienwurzel
100 g Kerbelrübe oder Pastinaken
500 ml Gemüsefond oder Hühnerbrühe
150 ml süße Sahne
100 g Wiesenkräuterpaste
Wiesenkräutersalz
Zucker

Wiesenkräuterpaste
Melde
Giersch
Brennnessel
Wiesenkümmel
wilde Rauke
Vogelmiere
Scharbockskraut
Schafgarbe
Bärlauch
Malvenblätter
Spitzwegerich
Knoblauchrauke

(keinen Sauerampfer!)

Gemüsefond

Die Knollen- und Wurzelgemüse gründlich mit kaltem Wasser waschen und schälen. Die Schalen in 500 Milliliter kaltem Wasser ansetzen, bis zum Siedepunkt erhitzen und 20 Minuten leise köcheln lassen. Mit Hilfe einer Siebkelle oder eines Schaumlöffels die Schalen aus dem Topf nehmen und den Gemüsefond durch ein Leinentuch passieren.

Wiesenkräutersuppe

Die geschälten, geputzten Gemüse und die Schalotten in feine Würfel schneiden. Die Schalotten in der Butter glasig werden lassen und die Gemüsewürfel dazugeben. Alles gut anschwitzen, mit dem Gemüsefond aufgießen und die süße Sahne hinzugeben. Die Gemüse auf kleiner Flamme weich kochen und die Suppe mit dem Stabmixer pürieren.

Wiesenkräuterpaste

Die Kräuter gründlich mit kaltem Wasser waschen. Nur die zarten Blätter verwenden, denn die Stiele haben, wie die Brennnessel, zu viel Zellulose, die man dann kaum richtig zerkleinern kann. Den Spitzwegerich und die Brennnessel deshalb auch vorher in der Gemüsebrühe blanchieren. Alle Kräuter grob schneiden und im Küchenmixer zu einer Paste pürieren.

Anrichten

Die Suppe wird noch einmal richtig erhitzt. Nun die Wiesenkräuterpaste hinzugeben und mit dem Stabmixer schaumig einmixen. Erst jetzt wird die Suppe mit dem Wiesenkräutersalz und dem Zucker abgeschmeckt. Nochmals aufmixen, in vorgewärmten tiefen Tellern anrichten und mit zarten Kräuterblättern Ihrer Wahl garnieren.

Mein Tipp für Sie

Den Gemüsefond sollten Sie schon am Vortag kochen. Hierzu auch die Schalen der Gemüse mit verarbeiten, die Sie dann für die Suppe brauchen. Sollten Sie noch weitere blanchierte Gemüse vorbereiten, gleich den Gemüsefond verwenden. Wenn Sie den kräftigeren Geschmack von Hühnerbrühe bevorzugen, können Sie diese als Basis für die Suppe nehmen. Krönen kann man diese Suppe mit einem kleinen, gebratenen Fischfilet und einem Flusskrebsschwanz.

Wiesenkräutersuppe „Evergreen"

Zutaten für 4 Personen

Tomatenessenz
1,5 kg sehr reife Strauchtomaten
1 EL Kräuteressig
50 g Zucker
Bärlauchsalz
Pfeffer
10 Blätter Bach- oder Gartenminze

4 Minzespitzen
4 Kirschtomaten

Crash-Eis

Geröstetes Brot
4 Scheiben Weizenbrot
4 Tomaten
40 ml Olivenöl
1 Stange Zwiebellauch
Bärlauchsalz

Tomatenessenz

Am Vortag wird laut Rezeptur der Tellersülze (siehe Rezept in diesem Kochbuch) von den Strauchtomaten 700 Milliliter klarer Tomatensaft hergestellt. Eine Tomatenessenz erhält man, indem man den Saft um die Hälfte einkocht, also stark reduziert. Diese Essenz wird im Kühlschrank bereitgestellt oder auf Eiswasser zur sofortigen Verarbeitung kaltgerührt. Die kalte Essenz mit klein geschnittenen Minzeblättern unter Zugabe von ein wenig Crash-Eis mit dem Stabmixer aufschäumen, nach Geschmack würzen und nochmals mixen. Die Tomatenessenz wird in tiefgekühlte Gläser gefüllt und mit Kirschtomaten und Minzespitzen dekoriert.

Geröstetes Weizenbrot

Reichen Sie zu dieser Suppe geröstetes Weizenbrot. Fein geschnittene Tomatenwürfel werden dazu mit dünnen Zwiebellauchröllchen vermengt und mit Olivenöl und Bärlauchsalz abgerundet. Das in Olivenöl gebratene, noch heiße Brot wird damit gekrönt und sofort serviert.

Mein Tipp für Sie

Oft kann man im Sommer nicht immer alle Tomaten aus dem eigenen Garten sofort verarbeiten. Stellen Sie deshalb so viel Tomatenessenz her, wie Sie möchten und frieren sie ein. An kalten Wintertagen so heiß wie möglich genossen, kitzelt der wunderbare Gartensommer auf diese Weise Ihre Zungenspitze.

Geeiste Tomatensuppe mit Minzschärfe

Zutaten für 4 Personen

Kürbissuppe
500 g Kürbisfleisch
100 g Äpfel
100 g Birnen
(beide geschält und entkernt)
600 ml Gemüse- oder Geflügelbrühe
60 g Butter
30 g Schalotten
100 ml Weißwein
10 g frischer, geschälter Ingwer
200 g Sauerrahm oder Crème fraîche
Zucker
Sanddornsalz
weißer Pfeffer aus der Mühle
Kürbiskernöl

Kürbissuppe

Das Kürbisfleisch, die Äpfel, die Birnen und die Schalotten werden in Würfel geschnitten. Die Schalottenwürfel in der Butter glasig werden lassen und dann die Kürbis- und Obstwürfel dazugeben. Alles gut anschwitzen, ohne dass sie Farbe nehmen. Mit Weißwein ablöschen und mit der Brühe auffüllen. Den geriebenen Ingwer, Zucker, Sanddornsalz und Pfeffer hinzufügen und alles weich kochen. Mit dem Stabmixer alles gut durcharbeiten und durch ein feines Sieb passieren. Die Suppe wieder erhitzen, mit einem Schneebesen den Sauerrahm einrühren und nochmals abschmecken. Falls nötig, mit Brühe etwas verlängern. In heißen Tellern anrichten und mit den in Butter angeschwitzten Kürbisscheiben und einigen Tropfen Kürbiskernöl vollenden. Dazu reicht man Blätterteigstangen mit Kürbiskernen, wie in diesem Kochbuch beschrieben.

Mein Tipp für Sie

Bei der Verarbeitung von Kürbissen sollten Sie immer darauf achten, dass sie mit aromareichen Gewürzen oder Würzmischungen arbeiten, die den Eigengeschmack unterstützen und heben. Weitere geschmackliche Aufwertungen erreichen Sie durch die Verwendung von gerösteten Kürbiskernen.

Kürbissuppe

Im vergangenen Jahr habe ich mit den Kürbissen im Garten meine helle Freude gehabt. Nach dem Vorziehen in Töpfen habe ich die zarten Pflänzchen auf den Komposthaufen gepflanzt und fortan ordentlich gegossen. Schnell beschatteten sie mit ihrem Blattgewölk den Kompost und lebten ihre Frohwüchsigkeit aus, indem sie mit ihren meterlangen, schwachen Ranken auf herabhängende Äste des Birnbaumes und über meinen Gartenzaun kletterten. Bald zeigten sich gelbe Blüten, von denen einige sogar Früchte ansetzten. Sie wuchsen prächtig und schmückten den Garten mit ihren leuchtenden Farben. Alle Gartenbesitzer sollten eigene Kürbisse anbauen. Es gehört zu den schönsten Gartenerlebnissen, ihr schnelles Wachsen zu bestaunen, dann voller Stolz die Prachtexemplare zu ernten und zu „schlachten". Ein Ereignis, das man auch mit Freunden teilen kann. Den meisten Menschen ist der Wohlgeschmack von Kürbissen nämlich gar nicht mehr bekannt. Die Vorbereitung eines Kürbisses ist für alle Verwendungszwecke dieselbe. Er wird zerteilt, von den Kernen und weichen Gewebeteilen befreit und geschält. Je nach Gericht sollte man das Fruchtfleisch in Würfel oder Streifen schneiden. Auch das Ausstechen in beliebigen Formen ist sehr sinnvoll. Die so entstehenden Fruchtfleischreste können zum Beispiel für die Zubereitung von Suppen oder Pürees verwendet werden. Selbst als fruchtige Aufstriche machen sie eine gute Figur.

Zutaten für 4 Personen

Wiesenkräuterrisotto
30 ml Olivenöl
200 g Risottoreis
50 g Schalottenwürfel
200 ml Weißwein
600 ml kräftige, heiße Hühnerbrühe
20 g Butter
50 g Parmesan
50 g Kräuterpesto
Bärlauchsalz

Tomaten-Paprika-Ragout
10 ml Öl
5 vollreife Tomaten
5 rote Paprikaschoten
12 Kirschtomaten

Kräuterpesto
Wiesenkerbel
Vogelmiere
Schafgarbe
Knoblauchrauke
wilder Thymian
Spitzwegerich
Bärlauch
Giersch
wilde Rauke
40 ml Rapsöl, kalt gepresst

Wiesenkräuterrisotto

Die Schalottenwürfel werden in Olivenöl glasig gedünstet. Reis einstreuen und rühren, bis er ebenfalls glasig ist. Mit dem Weißwein ablöschen und unter Rühren reduzieren lassen. Mit Salz würzen, einen Teil des warmen Geflügelfonds hinzugeben und reduzieren lassen, dabei immer wieder rühren. Diesen Vorgang wiederholen, bis das Risotto sowohl von kerniger als auch cremiger Konsistenz ist. Butter, Parmesan und Kräuterpesto hinzufügen und mit Bärlauchsalz abschmecken.

Kräuterpesto

Die Kräuter werden am Morgen gesammelt und gründlich mit kaltem Wasser gewaschen. Alle Kräuter grob schneiden und mit dem Öl im Mixer pürieren. Farbe und Geschmacksintensität der Suppe kann mit der Menge des Kräuterpestos variiert werden.

Ofentomatenfilets

Die Herstellung wird auf der folgenden Seite beschrieben.

Filets von Paprikaschoten

Paprika schmeckt gehäutet immer feiner. Hierzu werden die Schoten halbiert und das Kerngehäuse entfernt. Auf ein leicht eingeöltes Blech legen und in den auf 200°C vorgeheizten Backofen geben, bis die Haut bräunt und Blasen bildet. Die Paprikaschoten mit kaltem Wasser abschrecken und die Haut mit einem Messer abziehen.

Tomaten-Paprika-Ragout

Tomaten- und Paprikafilets werden in grobe Würfel geschnitten und in Olivenöl angeschwitzt. Mit Zucker, Salz und Pfeffer abschmecken.

Mein Tipp für Sie

Sollten Aroma, Geschmack und Farbe der Tomaten nicht Ihren Erwartungen entsprechen, so ist es legitim, mit einer Löffelspitze Tomatenmark nachzuhelfen.

Wiesenkräuterrisotto mit Tomaten-Paprika-Ragout

Eines der simpelsten und wohlschmeckendsten Gerichte ist das Risotto. Doch seine Zubereitung erfordert viel Aufmerksamkeit und das sorgsame Einhalten der Rezeptur. Oft entscheiden Sekunden und damit die Erfahrung der Köche über das Gelingen. Risotto lässt sich wunderbar mit allem, was eine Küche an guten Produkten aufweist, kombinieren - natürlich auch mit Kräutern! Wenn man sich überdies etwas intensiver mit den Namen der Kräuter beschäftigt, stößt man auf so manchen interessanten Aspekt. Die Endung –rich zum Beispiel deutet auf Herrscher und Könige hin. So sind der Spitz- und Breitwegerich die „Herrscher des Weges". Sie säumen ihn und fallen uns daher nur selten auf. Der Gute Heinrich ist der „Herrscher des Heims". Früher fand man ihn hinter jedem Haus und in nicht genutzten Ecken der Höfe. Leider fällt er mehr und mehr dem Sauberkeitswahn der Eigenheimbesitzer zum Opfer.

Ofentomatenfilets sind einfach herzustellen und verfügen über einen sehr intensiven Geschmack. Man benötigt vollreife, große Tomaten, Olivenöl, Wiesenkräuter- oder Bärlauchsalz und eine Prise Zucker. Nach dem Waschen wird die Haut der Tomaten mit einem spitzen Messer kreuzweise eingeritzt. Sie werden dann so lange in kochendes Wasser gegeben, bis ihre Haut an der eingeritzten Stelle aufreißt. Aus dem Wasser gehoben, werden sie dann in Eiswasser abgeschreckt. Die Haut lässt sich jetzt ganz einfach abziehen. Die Tomaten werden geviertelt und die Kerne herausgeschnitten. Die entstandenen Tomatenfilets werden mit dem Salz und Zucker gewürzt und auf ein mit Olivenöl eingestrichenes Backblech gelegt. Bei geringer Hitzeeinwirkung kann ihnen die Feuchtigkeit im Backofen oder unter dem Salamander langsam entzogen werden. Sie sind fertig, wenn sie noch saftig und sehr aromatisch sind. Die Ofentomatenfilets sind mehrere Tage im Kühlschrank haltbar, wenn man sie, mit Öl bedeckt, in einem geschlossenen Gefäß aufbewahrt.

Ofentomatenfilets

Frische, aromatische und „sonnengeküsste" Tomaten bezaubern die Küchen der ganzen Welt. Kaum eine Frucht kann mit solch einem Spektrum an Farben, Formen, Größen, Geschmacksnuancen und Strukturen aufwarten. Aber es war nicht immer so. Im 15. Jahrhundert aus Südamerika kommend, trat man ihr in Europa lange Zeit äußerst skeptisch gegenüber. Das „giftige Nachtschattengewächs" fristete zunächst sein Dasein in den Ziergärten. Vor allem in Deutschland hatte sie es sehr schwer, als Gemüsefrucht anerkannt zu werden. Doch dann vollzog sich ihr Siegeszug durch die Länder Europas sehr rasant – und sie verkam schnell zum Massenprodukt mit hohem Vitaminreichtum, aber immer weniger Geschmacksintensität. Welch ein Vorzug, wenn man über eine Quelle von Freilandtomaten oder sogar über Früchte aus dem eigenen Garten verfügen kann.

Zutaten für 4 Personen

Tempura
1 kg grüner Spargel
500 ml Öl
150 g Tempura-Mehl
Salz

Dunkle Pfeffersauce
200 ml Demi Glace
(lt. Rezeptur in den Grundrezepten)
1 EL grüne Pfefferkörner
Salz
Zucker
schwarzer Pfeffer aus der Mühle

Helle Pfeffersauce
500 ml Geflügelfond
(lt. Rezeptur in den Grundrezepten)
200 ml Pflanzenöl
100 g weiße Pfefferkörner
20 g Butter
100 g Schalotten
200 ml süße Sahne
5 cl weißer Port
Meersalz
Zucker

Sauerrahmpüree
800 g Kartoffeln
80 g Butter
150 g Sauerrahm
100 g Petersilienblätter
Salz
Zucker
Muskatnuss

Tempura

Der geschälte Spargel wird ganz kurz blanchiert und auf Küchenpapier trocken gelegt. Zum wirklich köstlichen Erlebnis wird Tempura durch die Verwendung von Tempura-Mehl. Es wird nur mit Wasser verrührt. Den Spargel darin wenden, in heißem Öl goldgelb backen, abtropfen lassen und salzen.

Sauerrahmpüree

Die Kartoffeln schälen und in Salzwasser kochen. Durch eine Presse drücken und mit der Butter abflocken. Sauerrahm mit den Gewürzen im Topf erwärmen, die Kartoffelmasse hinzufügen und mit Hilfe eines Schneebesens schaumig rühren. Man kann dieses Püree mit pürierten Petersilienblättern sowohl optisch als auch geschmacklich verändern.

Dunkle Pfeffersauce

Die Demi Glace wird mit grünen Pfefferkörnern aufgekocht und abgeschmeckt.

Helle Pfeffersauce

Die weißen Pfefferkörner werden in Pflanzenöl frittiert und, ohne dass sie Farbe nehmen, aus dem Öl gehoben. Dann auf Küchenpapier abtropfen lassen. Fein würfelig geschnittene Schalotten werden in der Butter glasig geschwitzt, mit Portwein abgelöscht und mit Geflügelfond aufgefüllt. Die Pfefferkörner werden im Mörser grob zerdrückt und dazugegeben. Mit süßer Sahne auffüllen, Meersalz und Zucker abschmecken und mit dem Stabmixer glattrühren. Nach dem Passieren wird die Sauce bereitgestellt.

Anrichten

Die helle Pfeffersauce wird vor dem Anrichten mit dem Stabmixer aufgeschäumt und, nachdem das Püree mit einem Spritzbeutel platziert und der kross gebackene Spargel angelegt wurde, mit der hellen Pfeffersauce vollendet. Entscheidet man sich für die herzhaftere Variante mit dem grünen Sauerrahmpüree, wird das Gericht mit der dunklen Pfeffersauce unter Zugabe von grünen Pfefferkörnern vollendet.

Mein Tipp für Sie

Stellen Sie Tempura aus verschiedenem Gemüse her und kombinieren dann mit gebratenem Fisch.

Tempura von grünem Spargel auf Sauerrahmpüree und Pfefferschaum

Es ist immer wieder spannend, aus vertrauten Produkten ganz neue Kreationen entstehen zu lassen. Seit 35 Jahren bin ich nun schon Koch, und ich muss gestehen, dass mich so manches Mal die Angst beschlich, mir würde irgendwann einmal nichts Neues einfallen und meine Kreativität wäre mir nicht mehr treu. Aber soweit ist es nie gekommen, nicht zuletzt resultierend aus meiner Unruhe, immer wieder neue Dinge erfahren und kennen lernen zu wollen. Zu meinem großen Glück habe ich immer wieder Menschen getroffen, deren Ideale mit meinen übereinstimmten. Diese Begegnungen inspirieren mich jedes Mal, regen meine Kreativität an und bringen neue Ideen hervor. Die Offenheit für Neues bereichert mein Handeln und bietet ungeahnte Möglichkeiten. Jedoch nun wieder zurück ins jetzt und damit an meinen Herd, um ein Gericht vorzustellen, welches auf diese Art entstanden ist!

Zutaten für 4 Personen

Füllung
50 g haut- und sehnenfreies Geflügelfleisch
50 g Sahne
Salz
weißer Pfeffer aus der Mühle

Nudeltaschen
175 g Hartweizengrieß
3 Eier der Größe M
1 Eigelb
175 g Weizenmehl
8 g Salz
Wiesenkerbel
Salbei
Fenchel
Basilikum

etwas Butter oder Öl zum Anschwenken

Tomatensauce
1,5 kg Tomaten
100 g Schalottenwürfel
30 ml Öl
8 Kirschtomaten
50 g Butter
Wiesenkräutersalz
Zucker
Paprika
Pfeffer

Wie man einfallsloser nicht sein kann ...
Der Gipfel waren die kompakten, geschmacksneutralen Nudeln in der Schulspeisung. Mit einer Aluminiumkelle abgestochen, krachten sie in meine Plastikschüssel und kamen mit einer eher farblosen Sauce daher, in der man die Tomaten nur erahnen konnte. Ich habe mir damals schon vorgenommen, es irgendwann einmal besser zu machen.

Füllung für die Nudeltaschen

Das Geflügelfleisch wird klein geschnitten und im Mixer püriert. Salz und Pfeffer hinzugeben, mit Sahne aufgießen und nochmals mixen, bis die Masse bindet und zu glänzen beginnt.

Nudeltaschen

Die Eier und das Eigelb werden mit dem Grieß in einer Schüssel verrührt. Das Ganze 30 Minuten abgedeckt quellen lassen. Dann das Mehl und das Salz unterarbeiten, bis der Teig eine gleichmäßige Farbe und Struktur erhält. Auf der Arbeitsfläche mit den Händen solange kneten, bis der Teig glatt und elastisch ist. In Klarsichtfolie einwickeln und ca. 1 Stunde ruhen lassen. In 1 Zentimeter dicke Scheiben schneiden und, leicht mit Mehl bestäubt, zwischen den Walzen einer Nudelmaschine in mehreren Gängen ausrollen, wobei die Walzen bei jedem Mal enger gestellt werden. Je dünner der Teig ist, desto feiner und durchscheinender gelingen die Nudeln. Eine ausgerollte Nudelbahn auf die Arbeitsfläche legen und wirklich nur hauchdünn mit Eiklar, das mit ein wenig kaltem Wasser verschlagen wurde, mit einem Pinsel bestreichen. Schnell die Kräuter auflegen und mit einer zweiten Nudelbahn bedecken. Nun ein zweites Mal durch die Nudelmaschine lassen. Die Farce auftragen und mit einer Nudelbahn abdecken. Mit dem Teigrad oder einem Ausstecher in eine gewünschte Form bringen. Den Rand mit der Gabel fest andrücken.

Tomatensauce

Alle Tomaten werden blanchiert, gehäutet und entkernt. Die Hälfte der Tomatenfilets beiseite legen. Die Schalotten würfeln und in Öl anschwitzen. Die Schalen, Kerngehäuse und verbliebenen Tomatenfilets hinzugeben und zu einer stabilen Konsistenz einkochen. Mit dem Stabmixer pürieren und durch ein feines Sieb streichen. Den Saucenansatz wieder erhitzen, mit Butter abflocken, den Gewürzen abschmecken und die in grobe Würfel geschnittenen Tomatenfilets in die Sauce geben.

Anrichten

Die in kochendem Wasser gar gezogenen Nudeltaschen in Butter oder Öl anschwenken und auf einem heißen Pastateller anrichten. Mit der Tomatensauce überziehen und mit warmen Kirschtomaten garnieren.

Mein Tipp für Sie

Diese Nudeltaschen schmecken auch sehr gut, wenn man sie nach dem Anschwenken in Öl mit Wiesenkräutersalz würzt und mit gehobeltem Käse serviert.

Nudeltaschen „Ornamentalisch"

Es gibt wohl neben dem Brot kein Produkt, das ich so oft und immer wieder mit großem Genuss gegessen habe, wie Nudeln. Auf der ganzen Welt gibt es sie in beliebiger Form – zum Glück! Und obwohl wir nun endgültig wissen, dass ihr Ursprung in Asien liegt, bewundern wir die Italiener wegen ihres Einfallsreichtums in punkto genussvolle Kreationen. Nach meinen ersten Nudel-Erfahrungen in der Schulspeisung, unternahm ich früh Kochversuche mit ihnen. Den Nudelsuppen aus der Tüte folgten Spaghetti mit Tomatensauce. Schon damals war für mich beeindruckend, wie unterschiedlich Nudeln doch schmecken können. Eine Hommage an drei meiner Lieblingsprodukte soll dieses einfache Gericht sein.

Zutaten für 4 Personen

Zanderfilet
500 g Zanderfilet
50 ml Öl
10 g Butter
Stärke
Rosenblütensalz

Schalottenschaum
200 g Schalottenwürfel
60 g Butter
500 ml Fischfond
(lt. Rezeptur in den Grundrezepten)
20 ml trockener Wermut
100 ml Roséwein
5 ml Pernod
Salz
1 kleine Prise Zucker
Rosenblütensalz

Kartoffelnudeln
400 g Kartoffeln (mehlig kochend)
1 Ei
100 g Weizenmehl
10 g Hartweizengrieß
Salz
Muskat
weißer Pfeffer aus der Mühle

Taglilien
ca. 25 Blütenknospen der Taglilie
30 g Butter
20 ml Roséwein
1 Prise Zucker
Rosenblütensalz

Zanderfilet

Das Filet wird portioniert, in Stärke gewendet und sofort von beiden Seiten goldgelb gebraten. Die Butter in kleinen Flocken auf die Filets legen und schmelzen lassen. Erst dann wird mit dem Rosenblütensalz gewürzt.

Schalottenschaum

Die feinen Schalottenwürfel werden in der Butter leicht karamellisiert, angeschwitzt und mit dem Fischfond abgelöscht. Alle Zutaten, außer das Rosenblütensalz, hinzufügen und ca. 30 Minuten köcheln lassen. Mit dem Stabmixer pürieren und durch ein Sieb streichen. Nun wird die Sauce nochmals aufgekocht und mit dem Rosenblütensalz abgeschmeckt. Vor dem Anrichten mit dem Stabmixer aufschäumen.

Kartoffelnudeln

Die Kartoffeln in der Schale kochen, pellen und noch heiß durch die Presse drücken, ausdampfen und abkühlen lassen. Die Kartoffelmasse mit allen Zutaten in einer Schüssel unter Zugabe der Gewürze zu einem Teig verkneten. Zu einer 10 Zentimeter langen und 1 Zentimeter dicken Nudel ausrollen und diese mit dem Teigschaber schräg in 2 Zentimeter lange Stücke trennen. In Salzwasser kochen, 10 Minuten ziehen lassen und in etwas Butter anschwenken. Bei Bedarf nachwürzen.

Taglilien

Die Blütenknospen werden in der ausgelassenen Butter kurz angeschwitzt, mit dem W ein abgelöscht und mit Zucker und Rosenblütensalz gewürzt. Nur kurz abgedeckt weitergaren. Die Knospen sollen noch einen guten Biss haben.

Zanderfilet mit Knospen von der Taglilie

Wer einmal Taglilienblüten und ihre Knospen roh in einem Salat oder, wie hier, gegart probieren durfte, wird sie immer wieder genießen wollen. Zweifellos gehören sie zu den köstlichsten essbaren Gartenblumen. Taglilien munden beim Hineinbeißen frisch, knackig und eher süßlich, entfalten jedoch wenig später einen überraschend pfeffrigen Geschmack. Die Blüten erscheinen in der Farbpalette vom zarten Gelb bis hin zum tiefen Rot, und so vielfältig ihre Farbfülle ist, so nuancenreich ist auch der Geschmack. Da sich jede Blüte nur an einem einzigen Tag öffnet und schon nach 24 Stunden viele neue Blüten erscheinen, sollte auch der sensibelste Blumenliebhaber nicht zögern, sie zu verspeisen. Außerdem sind die Verarbeitungsmöglichkeiten in der Küche recht vielfältig und spannend.

Zutaten für 4 Personen

Barschfilet
400 g Rückenfilet
aus 2 großen Barschen
50 ml Öl
Stärke
weißer Pfeffer aus der Mühle

Spinat
300 g Kräuterblätter von zum Beispiel:
Bärlauch
Spitzwegerich
Melde
Malve
Knoblauchrauke
Wiesenkerbel
Giersch
50 g Schalottenwürfel
40 g Butter
Wiesenkräutersalz
1 kleine Prise Zucker

Gemüse
Karotten
Kaiserschoten
Butter
Salz
Zucker
weißer Pfeffer aus der Mühle

Barschfilet

Die Barsche werden geschuppt, filetiert, mit kaltem Wasser abgespült und mit Küchenpapier abgetupft. Die Filets dann portionieren, würzen, kurz in Stärke wälzen und abstäuben. Von beiden Seiten goldgelb braten und danach die Hautseite nochmals in der Pfanne unter dem Grill krossen.

Kräuterspinat

Die Butter auslassen und die Schalottenwürfel glasig schwitzen. Die gewaschenen Kräuterblätter in den Topf geben, mit dem Deckel verschließen und auf kleiner Flamme dünsten. Wenn die Blätter zusammengefallen sind, den Deckel abnehmen, mit Wiesenkräutersalz würzen und den nun entstehenden Fond einreduzieren lassen. Nochmals abschmecken und anrichten.

Anrichten

Die Karotten und Kaiserschoten werden zuvor getrennt gedünstet, glaciert und gewürzt. Den Spinat auf warmen Tellern platzieren, mit dem Gemüse umlegen und den Fisch aufsetzen.

Mein Tipp für Sie

Verwenden Sie niemals Sauerampfer für warme Gerichte. Er wird sofort grau und die Optik des Gerichtes leidet. Der Fisch wird deshalb besonders kross, weil er in Stärke und nicht, wie üblich, in Mehl gewendet wurde.

Barschfilet, kross auf Kräuterspinat mit Schoten und Karotten

Es gibt besonders große Barsche und Zander in den Gewässern rund um die Insel Rügen. Beide Arten gehören eigentlich zu den Süßwasserfischen. In den leicht salzigen Boddengewässern der Ostsee fühlen sie sich jedoch sehr wohl und sind von besonders guter Qualität. In diesem Rezept wird der Barsch aus der Ostsee auf der Haut kross gebraten.

Roulade
400 g flache Filetstücke vom Zander (auch Schwanzstücke und Bauchfilet geeignet)
80 g sehr dünne Scheiben durchwachsener Bauchspeck
30 ml Öl
Salz
Pfeffer aus der Mühle

Kräuterspinat
200 g Blätter bzw. Blüten folgender Kräuter:
Bärlauch
Spitzwegerich
Melde
Malvenblätter
Knoblauchrauke
Lauchblüten
Salbeiblüten
Ringelblumen
20 g Schalottenwürfel
20 g Butter
Wiesenkräutersalz
1 kleine Prise Zucker

Tomatenfilets
4 vollreife Tomaten

Kräuterpesto
Wiesenkerbel
Vogelmiere
Knoblauchrauke
Giersch
Thymian
wilder Lauch
40 ml Rapsöl, kalt gepresst

Nudeln
200 g feine Bandnudeln
10 g Butter
Salz

Spinat aus Kräutern und Blüten

Die Schalottenwürfel werden in der ausgelassenen Butter angeschwitzt, die Blätter der Kräuter hinzugefügt und unter Zugabe von Wiesenkräutersalz abgedeckt gegart. Sind die Blätter zusammengefallen, lässt man den entstandenen Fond völlig einreduzieren. Die Blattmasse aus dem Topf nehmen, abkühlen lassen und dann die Blüten unterheben. Abschmecken und zum Füllen der Fischrouladen bereitstellen.

Roulade

Damit sich der Fisch beim Braten nicht verformt, wird er vorher plattiert. Dies geschieht, eingeschlagen in eine Klarsichtfolie, mit Hilfe einer Sauteuse oder Kasserolle. Nach dem Plattieren werden die Filets gewürzt, mit dem Kräuterspinat belegt und zu einer Roulade gerollt. Die Bauchspeckscheiben werden überlappend zum Rechteck ausgelegt und die Roulade darin eingewickelt. Nun wird die Roulade zuerst von der Abschlussseite und dann von allen Seiten kross angebraten. Entweder man brät sie danach in der Pfanne langsam weiter oder gibt sie, je nach Kaliber, 5-8 Minuten bei 180° C in die Backröhre.

Ofentomatenfilets

Die Tomaten von der Haut und den Kernen befreien und die so entstandenen Tomatenfilets auf ein mit Öl versehenes Blech legen. Bei geringer Hitzeeinwirkung kann ihnen die Feuchtigkeit im Ofen langsam entzogen werden, bis sie noch saftig, aber schon sehr aromatisch sind. Mit Salz und Pfeffer würzen und warm stellen.

Anrichten

Die in Salzwasser gegarten und in Butter angeschwenkten Nudeln werden mittels einer Fleischgabel aufgerollt und mittig auf einem heißen Teller platziert. Tomatenfilets rundherum verteilen und die tranchierte Roulade aufsetzen. Mit dem Kräuterpesto (siehe Rezept Wiesenkräuterrisotto in diesem Kochbuch) wird das Gericht vollendet.

Mein Tipp für Sie

Die Herstellung des Nudelteiges entnehmen Sie bitte dem Rezept der Nudeltaschen in diesem Kochbuch.

Roulade vom Zander mit Kräuter-Blüten-Fülle auf Tomaten und Pesto

Zutaten für 4 Personen

Kräuterkruste
8 Scheiben Toastbrot
100 g Butter
50 g Petersilie
50 g Schnittlauch
1 Prise Wiesenkräutersalz
40 ml Kräuteröl
1 Eigelb

Lachs
500 g Lachsfilet
50 ml Öl
weißer Pfeffer aus der Mühle
Salz
Stärke

Sieglinde
400 g Kartoffeln
Öl
Salz
Pfeffer aus der Mühle

Pfifferlinge
600-800 g Pfifferlinge
20 ml Öl
30 g Butter
feine Schnittlauchröllchen
Salz
Pfeffer aus der Mühle

Pfifferlingschaum
300 g Pfifferlingsabschnitte
200 g Schalottenwürfel
60 g Butter
10 g getrocknete Pfifferlinge
200 ml Geflügelbrühe
200 ml Sahne
Salz
weißer Pfeffer aus der Mühle

Kräuterkruste

Diese Kruste sollte unbedingt am Vortag hergestellt werden. Hierzu wird die Rinde der Toastbrotscheiben dünn abgeschnitten und die Scheiben bei 70° C im Backofen getrocknet. Nach dem Abkühlen wird das Brot im Küchenmixer zu feinem Semmelmehl gemahlen und zur Weiterverarbeitung bereitgestellt. Die gut gewaschenen und trocken geschleuderten Kräuter werden mit dem Messer fein gehackt, um sie anschließend im Mixer noch feiner zu zerkleinern. Das Semmelmehl wird zu den Kräutern in den Mixer gegeben und aufgemixt, bis alles eine gleichmäßig grüne Farbe angenommen hat. Diese Masse wird in einer Schüssel mit der weichen, aber nicht flüssigen Butter, dem Salz, dem Öl und dem Eigelb gut verrührt. Sie wird mit dem Teigschaber ca. 2 Millimeter dünn sehr gleichmäßig auf Klarsichtfolie aufgetragen und, mit Klarsichtfolie abgedeckt, gut durchgekühlt.

Lachsfilet

Der Lachs wird portioniert und gewürzt. Erst kurz vor dem Braten wird er in der Stärke gewendet und gut abgeklopft. Von beiden Seiten kross anbraten, sofort aus der Pfanne nehmen und ruhen lassen. Jetzt mit der in Form geschnittenen Kräutermasse belegen und, je nach Stärke des Fischfilets, im Backofen 4-5 Minuten mit Oberhitze oder unter dem Grill überbacken.

Kartoffeln

Kartoffeln in Salzwasser kochen und abschrecken, damit sie sich, noch warm, besser pellen lassen. In heißem Öl goldgelb anbraten und zum Schluss würzen.

Pfifferlingschaum

Die Schalottenwürfel werden in der ausgelassenen Butter glasig geschwitzt. Die Pilzabschnitte mitschwitzen, mit Geflügelbrühe ablöschen und mit der Sahne aufgießen. Die getrockneten Pilze hinzufügen und nur wenig würzen, denn der Fond wird nun 40 Minuten leicht köchelnd reduziert. Mit dem Stabmixer alle Bestandteile zerkleinern und durch ein Sieb passieren. Je nach Konsistenz noch etwas reduzieren und abschmecken. Kurz vor dem Anrichten wird die Sauce mit dem Stabmixer gut aufgeschäumt.

Pfifferlinge

Die Pfifferlinge in Öl anbraten, etwas später die Butter hinzufügen und durchschwenken. Erst zum Schluss die Gewürze und Schnittlauchröllchen mit einschwenken.

Mein Tipp für Sie

Für die Kräuterkruste lassen sich auch, ganz nach Ihren Vorlieben, die unterschiedlichsten Wildkräuter verwenden. Es eignen sich beispielsweise: Wiesenkerbel, Bärlauch, Spitzwegerich, Schafgarbe, Rauke, Fenchel, Giersch, Melde, Knoblauchrauke. Bei dieser Variante kann man auch wunderbar mit Bärlauchsalz und Bärlauchöl arbeiten. Unter Zugabe von Kräutern, wie etwa Rosmarin, Thymian und ein wenig gepresstem oder gehacktem Knoblauch, ist diese Kräuterkruste vorzüglich zum Überbacken von Lamm und Aufläufen geeignet.

Lachs unter der Kräuterkruste mit Pfifferlingen und Sieglinde

In der Kräuterkruste habe ich ganz bewusst die gute alte Petersilie verwendet. Auf Grund ihrer Beliebtheit wurde sie in der Vergangenheit vielleicht etwas überstrapaziert, und deshalb gibt man derzeit anderen Kräutern den Vorrang. Einige Kräuter, wie Kerbel, Fenchel und Dill, besitzen zartere Aromen, und andere Kräuter wiederum kraftvolle, leicht bittere und harzige Nuancen, etwa Salbei, Thymian und Rosmarin. Die Petersilie jedoch bildet in dem großen Kräuterreigen die goldene Mitte. Sie schmeckt fein, frisch, leicht pfeffrig und mineralisch. Neben einem großen gesundheitlichen Aspekt ist sie in der Lage, viele Speisen optisch und vor allem geschmacklich aufzuwerten. Der glatten Petersilie sollten Sie in jedem Fall den Vorzug geben. Sie ist intensiver und mit ihrer klaren Struktur und den tiefgrün glänzenden Blättern auch viel schöner. Wie bei allen anderen Küchenkräutern auch, wurde ihre wilde Form einst der Natur entnommen. Ich habe den Eindruck, dass dieser Aspekt langsam in Vergessenheit gerät.

Zutaten für 4 Personen

Muscheln
8 Jakobsmuscheln
Olivenöl
Stärke
Wiesenkräutersalz
Bärlauchsalz
Rosenblütensalz

Fenchelschaum
1 Fenchelknolle
100 g Schalottenwürfel
60 g Butter
200 ml Geflügelbrühe
200 ml Sauerrahm
100 ml Weißwein
Salz
1 kleine Prise Zucker
Pernod
weißer Pfeffer aus der Mühle

Garnierung
8 Kaiserschoten
1 Zucchini
10 g Butter
Salz
Zucker

Kartoffelnudeln
400 g Kartoffeln (mehlig kochend)
1 Ei
100 g Weizenmehl
10 g Hartweizengrieß
Salz
Muskat
weißer Pfeffer aus der Mühle

Jakobsmuscheln

Das ausgelöste Fleisch der Jakobsmuschel wird gründlich in kaltem Wasser gewaschen und mit Küchenpapier trocken getupft. In Stärke wenden, gut abklopfen, in ein wenig Öl von beiden Seiten anbraten und kurz unter dem Grill oder Salamander garziehen. Mit den Salzen bestreuen und sofort servieren.

Fenchelsauce

Die Fenchelknolle wird in feine Würfel geschnitten und mit den Schalottenwürfeln in ausgelassener Butter angeschwitzt. Der Ansatz wird mit Weißwein abgelöscht, mit Brühe aufgefüllt und dann unter Zugabe weniger Gewürze und einem kleinen Spritzer Pernod weich geköchelt. Den Sauerrahm mit dem Schneebesen einrühren, erneut aufkochen lassen und mit dem Stabmixer alle Bestandteile fein zerkleinern. Durch ein Sieb passieren, etwas einreduzieren und abschmecken. Mit einigen weiteren Tropfen Pernod so abrunden, dass dieser den feinen Geschmack des Fenchels unterstützt. Vor dem Anrichten aufschäumen.

Kartoffelnudeln

Die Kartoffeln in der Schale kochen, pellen und noch heiß durch die Presse drücken, ausdampfen und abkühlen lassen. Die Kartoffelmasse mit allen Zutaten in einer Schüssel unter Zugabe der Gewürze zu einem Teig verkneten. Zu einer 10 Zentimeter langen und 1 Zentimeter dicken Nudel ausrollen und diese mit dem Teigschaber schräg in 2 Zentimeter lange Stücke trennen. In Salzwasser kochen, 10 Minuten ziehen lassen und in etwas Butter anschwenken. Bei Bedarf nachwürzen.

Sankt Jakobsmuscheln

Ich bin ein glücklicher Mensch. Glücklich heißt jedoch nicht, wunschlos. Würde sich eine gute Fee anbieten, mir einen kulinarischen Wunsch zu erfüllen, würde ich sie bitten, die Königin der Muscheln, die Sankt Jakobsmuschel, in die Ostsee zu zaubern. Auch ein so treuer Anhänger der regionalen Küche wie ich kann nicht umhin, auf dieses großartige Produkt zu verzichten. Alle Köche, die es verstehen, sie in höchster Güte zuzubereiten, verdienen meine volle Bewunderung. Der zarte, fein nussige Geschmack dieses kompakten Muskels bedeutet für mich Genuss allerersten Ranges. Meine ersten Erfahrungen mit der Sankt Jakobsmuschel habe ich als kleiner Junge im Küchenschrank meiner sehr gut kochenden Oma Meta gemacht. Sie besaß einige wunderschöne Schalen dieser Muschel, die sie an besonderen Festtagen zum Anrichten von Salaten und zum Überbacken von kleinen Ragouts nutzte. Es sollte jedoch noch 35 Jahre dauern, bis ich in den Genuss ihres Fleisches kommen konnte. Deshalb sehe man es mir nach, dass ich keine Gelegenheit auslasse, dieser überaus delikaten Gaumenfreude zu frönen.

Zutaten für 4 Personen

Fisch
12-24 Zanderbäckchen
Stärkepulver
Salz, Öl

Krebse & Sauce
20 Flusskrebse
50 ml Olivenöl
100 g Schalottenwürfel
30 g Selleriewürfel
20 g Karottenwürfel
1 vollreife Tomate
10 ml Balsamessig
200 ml Fischfond
200 ml süße Sahne
20 ml Rum
Salz
Zucker

Gemüse
Schoten und Gemüse nach Geschmack

Schwarze Nudeln
300 g Weizenmehl
50 g Hartweizengrieß
4 x Sepia (Tinte vom Tintenfisch)
20 ml Olivenöl
3 Eier (Größe M)
10 g Salz
10 g Butter

Kräuterschaum
30 g Butter
50 g Schalottenwürfel
200 ml Geflügelbrühe
125 g Crème fraîche
Kräuterpaste
Wiesenkräutersalz
Zucker
weißer Pfeffer aus der Mühle

Zanderbäckchen

Die Zanderbäckchen werden in Stärke gewendet, gut abgeklopft, in ein wenig Öl von beiden Seiten angebraten und kurz unter dem Grill oder Salamander gargezogen. Mit dem Salz bestreuen und sofort servieren.

Flusskrebse und Sauce

Die Krebse in siedendem Wasser ca. 5 Minuten abkochen, abschrecken und aus der Schale brechen. Den Darm aus den geputzten Krebsschwänzen entfernen und das Fleisch aus Schwänzen und Scheren bereitstellen. Die Krebsschalen werden in heißem Öl stark angeröstet, Gemüse- und Tomatenwürfel hinzugefügt und mitgeröstet. Den Rum hineingeben und flambieren. Mit Fischfond ablöschen, süße Sahne hinzufügen, Gewürze beigeben und 2 Stunden köcheln lassen. Durch ein Sieb passieren und das Krebsfleisch in der Sauce warm legen.

Schwarze Nudeln

Eier, Tinte, Olivenöl und Grieß in einer Schüssel mit dem Schneebesen verrühren und 30 Minuten quellen lassen. Mehl und Salz unterarbeiten. Falls der Teig zu krümelig ist, vorsichtig ein wenig Wasser hinzugeben. Mit den Händen auf der Arbeitsfläche kneten, bis der Teig glatt und elastisch ist. In Klarsichtfolie einwickeln und 2 Stunden ruhen lassen. In 1 Zentimeter dicke Scheiben schneiden und leicht meliert zwischen den Walzen einer Nudelmaschine in mehreren Gängen ausrollen, wobei die Walzen bei jedem Mal enger gestellt werden. Je dünner der Teig ist, desto feiner gelingen die Nudeln. Nun durch die Walze für Bandnudeln (Tagliatelle) lassen, in reichlich Salzwasser garen und mit etwas Butter anschwenken.

Schaum von Gartenkräutern

Die fein gewürfelten Schalottenwürfel werden in der Butter glasig geschwitzt und mit Geflügelbrühe abgelöscht. Mit dem Stabmixer alles pürieren und dann die Crème fraîche einarbeiten. Je nach Geschmack wird die Kräuterpaste (siehe Rezept Wiesenkräutersuppe „Evergreen“ in diesem Kochbuch) hinzugefügt und mit den Gewürzen abgeschmeckt. Die Sauce wird vor dem Anrichten schaumig aufgemixt und zwischen Nudeln und Zanderbäckchen platziert.

Mein Tipp für Sie

Sollte Ihnen der Nudelteig zu feucht geworden sein, dann bestäuben Sie die Bahnen während des Bearbeitens mit der Nudelmaschine einfach mit etwas Mehl.

Zanderbäckchen und Flusskrebse mit schwarzen Nudeln

Wie oft schon habe ich im Hafen von Gager auf die Ankunft meines Fischers gewartet! Voller Vorfreude sah ich seinen Fischkutter auf den angestammten Liegeplatz zusteuern. Mit roten Wangen, roter Pudelmütze und schelmischem Blick hat er immer ein paar deftige Redewendungen zur Begrüßung parat. Mir schwebt das Bild direkt vor Augen, wie er mit seinem leuchtend orangefarbenen Ölzeug stolz inmitten der vollen Netze steht. Natürlich zeigt er die wirklichen Prachtstücke erst dann, wenn ich ihn etwas gedrängt habe. Besonders liebe ich große Zander, Dorsche, Barsche, Lachs und Steinbutt. Nachdem wir die Fische für den Tag ausgesucht haben, schaue ich ihm zu, wie er mit schnellen und geschickten Händen Fische für den Verkauf vorbereitet. Große Zander haben auch große Bäckchen, und deshalb bitte ich ihn, sie für mich heraus zu schneiden, bevor sich die Möwen über ihren Anteil freuen können. Nicht ohne Widerspruch tut er mir den Gefallen, denn Zeit ist Geld und die anstehende Arbeit duldet keinen Aufschub. Aber wir kennen uns schon lange und wirklich gut. Glücklicherweise! Also verzweifeln Sie nicht, wenn Sie keine Zanderbäckchen auftreiben können. Auch mit Zanderfiletstücken ist dieses Gericht es durchaus wert, ausprobiert zu werden.

Zutaten für 4 Personen

Fischfilets
2-4 Blätter Blätterteig (TK), je nach Größe
200 g Dorschfilet
200 g Lachsfilet
Filets aus 1 Tomate
1 Ei
Salz
Pfeffer aus der Mühle

Krustentiersauce
600 g Krustentiere
50 ml Olivenöl
100 g Schalottenwürfel
30 g Selleriewürfel
20 g Karottenwürfel
1 vollreife Tomate
10 ml Balsamessig
200 ml Fischfond
200 ml süße Sahne
20 ml Rum
Salz
Zucker

Gefüllte Zucchiniblüten
4 Zucchiniblüten
Butter
Öl
Salz
Pfeffer aus der Mühle

Fischfarce
150 g Filet vom Hecht
100 ml süße Sahne
50 g Wiesenkräuterpaste
Wiesenkräutersalz
weißer Pfeffer aus der Mühle

Gekräuterte Fischfarce

Die Fischfilets werden klein geschnitten, kurz im Tiefkühlfach angefroren und im Küchenmixer zerkleinert. Mit Wiesenkräutersalz und Pfeffer würzen, der Sahne aufgießen und mixen, bis die Masse bindet und zu glänzen beginnt. Die Kräuterpaste (siehe Rezept Wiesenkräutersuppe „Evergreen" in diesem Kochbuch) einarbeiten, abschmecken und zur Weiterverarbeitung kalt stellen.

Krustentiersauce

Diese Sauce kann, je nach Möglichkeit und Geschmack, aus Krebsen, Hummer, Languste oder Kaisergranat hergestellt werden. Die Krustentiere werden in siedendem Wasser abgekocht, abgeschreckt und aus der Schale gebrochen. Gegebenenfalls den Darm entfernen und das Fleisch bereitstellen. Die Schalen werden in heißem Öl stark angeröstet, Gemüse- und Tomatenwürfel hinzugefügt und mitgeröstet. Den Rum hineingeben und flambieren. Mit Fischfond ablöschen, süße Sahne hinzufügen, Gewürze beigeben und 2 Stunden köcheln lassen. Durch ein Sieb passieren und das Krustentierfleisch in der Sauce warm legen.

Fischfilets in der Hülle

Die Hälfte des Blätterteigs wird mittig auf einem mit Backpapier versehenem Backblech ausgelegt. Die Mitte des Blätterteigs mit der gekräuterten Fischfarce ca. 5 Millimeter dick bestreichen und darauf das gewürzte Lachsfilet setzen. Das Filet wird ebenfalls mit Farce bedeckt, auf die dann die Streifen von einem Tomatenfilet ausgelegt werden. Darauf kommt das gewürzte Dorschfilet, welches erneut mit Farce bedeckt wird. Ein Ei mit ein wenig kaltem Wasser aufschlagen und damit die überstehenden, nicht bedeckten Ränder des Blätterteigs einstreichen. Nun werden die geschichteten Fischfilets mit der anderen Hälfte des Blätterteigs abgedeckt. Der Blätterteigrand wird ringsherum umgeschlagen und mit den Zinken einer Gabel fest angedrückt. Damit der Blätterteig beim Backen nicht reißt, das Päckchen mit der Gabel mehrmals oben einstechen. Nun bei 170° C ca. 20 Minuten backen.

Gefüllte Zucchiniblüten

Die Zucchiniblüten werden mit der verbliebenen Farce flach gefüllt, leicht gewürzt und in ein wenig Butter unter Zugabe weniger Tropfen Öl gebraten.

Mein Tipp für Sie

Sollte der Blätterteig beim Backen nicht gut bräunen, so kann man ihn nach 15 Minuten Garzeit mit dem verbliebenen Ei oder mit etwas Butter bestreichen. Wenn Sie mit größeren Filetstücken arbeiten möchten, verlängert sich die Garzeit. Dieses Gericht ist sehr variabel einsetzbar. Es ist sowohl als Vorspeise oder auch Zwischengericht geeignet und sogar mit Salat kombinierbar. Mit vielen Gemüsesorten lässt es sich als Hauptgericht mit fast allen Fischsaucen variieren.

Fischfilet in der Blätterteighülle auf Krustentierschaum

Zutaten für 4 Personen

Ochsenbäckchen
800 g Ochsenbäckchen
30 ml Pflanzenöl
50 g Möhren
50 g Sellerieknolle
100 g Zwiebeln
0,5 l Rinderbrühe
1 EL Tomatenmark
250 ml Rotwein
100 ml Balsamessig
1 Lorbeerblatt
Pfefferkörner
Zucker, Salz

Wirsing
800 g schwerer Wirsingkopf
50 g Würfel vom Bauchspeck oder rohen Schinken
50 g Schalottenwürfel
20 g Butter
Salz, Zucker
weißer Pfeffer aus der Mühle
Bärlauchsalz

Steckgemüse
4 Karotten mit Grün
1 kleine, gelbe Zucchini
8 Zuckerschoten
Butterflocken
Zucker, Salz

Kartoffelklöße
600 g rohe Kartoffeln (ohne Schale)
200 g gekochte Kartoffeln
1 Eigelb
30 g Kartoffelstärke
Salz, Muskatnuss
weißer Pfeffer aus der Mühle
20 ml ÖL
1 Scheibe Toastbrot

Beizen

Der Rotwein wird mit dem Balsamessig erhitzt. Das geputzte und in grobe Stücke geschnittene Gemüse in den Weinfond geben. Die Gewürze hinzufügen und alles aufkochen. Beim Abschmecken kann gegebenenfalls noch etwas Balsamessig hinzugegeben werden. Der abgekühlte Fond wird dann über die parierten Ochsenbäckchen gegeben, so dass sie völlig bedeckt sind. Mit einem Teller beschwert, 3 bis 4 Tage abgedeckt im Kühlschrank durchziehen lassen.

Ochsenbäckchen

Die Ochsenbäckchen werden aus der Beize genommen, die dann durch ein Sieb passiert und mit den anderen Zutaten bereitgehalten wird. Das Öl wird in einer Kasserolle erhitzt und die mit Pfeffer und Salz gewürzten Ochsenbäckchen werden darin scharf angebraten. Die gebeizten Gemüse hinzufügen und bis zum Karamellisieren mitrösten. Nun das Tomatenmark einrühren und ebenfalls anrösten. Das Fleisch kann für diesen Vorgang herausgenommen werden. Gemüse und Tomatenmark werden jetzt solange geröstet, bis sie wirklich dunkelbraun sind. Mit einem Teil der Beize ablöschen und einreduzieren. Diesen Vorgang mehrmals wiederholen. Schließlich mit der Rinderbrühe auffüllen und die Bäckchen wieder dazugeben. Abgedeckt bei 180°C 1,5 bis 2 Stunden in der Ofenröhre schmoren. Währenddessen werden die Fleischstücke gewendet, der Fond auf Geschmack kontrolliert und, wenn notwendig, noch etwas Beize hinzugefügt. Ist das Fleisch der Bäckchen zart und mürbe, werden sie entnommen und zum Portionieren etwas abgekühlt. Die Sauce passieren, aufkochen und, wenn gewünscht, mit etwas Stärke binden. Nochmals aufkochen und abschmecken.

Kartoffelklöße

Das Toastbrot wird in Würfel geschnitten, die dann in heißem Öl zu Croûtons gebraten und bereitgestellt werden. Die rohen Kartoffeln werden gerieben und in einem Tuch fest ausgedrückt. Die gekochten Kartoffeln werden noch heiß durch eine Kartoffelpresse gedrückt und beide Massen dann miteinander vermengt. Das Eigelb und die Gewürze einarbeiten, abschmecken und mit dem Stärkepulver binden. Beim Formen der Klöße werden die Croûtons als Einlage verwendet. Im Salzwasser aufkochen, von der Hitze nehmen und 20 Minuten ohne Deckel ziehen lassen.

Gemüse und Kohl

Die Wirsingblätter und die Steckgemüse werden in Salzwasser blanchiert und in Eiswasser abgeschreckt. Die Kohlblätter kräftig ausdrücken und dann in feine Streifen schneiden. Der Speck und die Schalotten werden mit der Butter glasig angeschwitzt, die Kohlstreifen hinzugegeben und abgedeckt unter Zugabe von etwas Blanchierfond kurz gedünstet. Würzen und zuletzt mit dem Bärlauchsalz abschmecken.

Sauerbraten von Ochsenbäckchen mit Wirsing und Kartoffelklößen

Zutaten für 4 Personen

Lamm
400 g Lammrücken mit Knochen (Carré)
2 Lammhinterhaxen
500 g gehackte Lammknochen
50 g Möhren
80 g Sellerieknolle
100 g Zwiebeln
1 vollreife Tomate
Thymianzweige
60 ml Öl
0,5 l Rotwein
0,25 l Demi Glace
Stiele der Shii-Take-Pilze
Stärke
Salz
Pfeffer aus der Mühle

Kartoffeln
Kleine, gleichmäßige Kartoffeln für Pellkartoffeln auswählen, um den gleichen Garpunkt zu erreichen.

400 g Kartoffeln (fest kochend)
20 g Butter
Rosmarinzweige

Gemüse und Pilze
400 g Bohnen
200 g Kappen der Shii-Take-Pilze
30 g Butter
Salz
Pfeffer aus der Mühle

Lamm

Das Lammcarré wird von Fett und Sehnen befreit und die Knochen bis zum Fleischansatz geputzt. Die Koteletts werden in 3 Zentimeter dicke Tranchen mit den Knochen geschnitten, mit Öl, Thymian und Pfeffer in einer Schüssel mariniert und kalt gestellt. Nachdem die Hinterhaxen an der Stelze vorsichtig gelöst wurden, werden sie rundherum kräftig mit Salz und Pfeffer gewürzt und in einer Schmorpfanne in sehr heißem Öl von allen Seiten angebraten. Die Knochen hinzufügen und kräftig mitrösten. Die Haxen werden kurzzeitig aus der Pfanne genommen und die Röstgemüse hinzugefügt. Später gibt man die grob geschnittene Tomate dazu, und wenn sich genügend Röststoffe gebildet haben, wird mit dem Rotwein abgelöscht und mit der Demi Glace aufgefüllt. Nun die Haxen mit einem Thymianzweig wieder in den Bratensud legen. Wegen des dezenten Knoblaucharomas werden jetzt die Stiele der Shii-Take-Pilze hinzugefügt. Die Schmorpfanne abgedeckt in den auf 170° C vorgeheizten Ofen schieben und die Haxen 1,5 Stunden schmoren. Bei gelegentlicher Kontrolle können die Haxen gewendet und, wenn notwendig, mit Wasser angegossen werden. Sind die Haxen ganz zart geschmort, werden sie aus dem Sud genommen, das Fleisch vom Knochen gelöst und, in Aluminiumfolie gewickelt, im Ofen warm gelegt. Der Bratensud wird nun mit in ein wenig kaltem Wasser verrührter Stärke gebunden und durch ein feines Sieb passiert. Die Koteletts salzen und in einer trockenen, heißen Pfanne von beiden Seiten je eine Minute braun anbraten. Auf einem Blech für ca. 8 Minuten bei 80° C zu den Haxen in den Ofen schieben.

Rosmarinkartoffeln

Die Kartoffeln mit der Schale zu Pellkartoffeln aufsetzen. Blättchen von den Rosmarinzweigen abzupfen und bereitstellen. Die Stiele mit in das Kochwasser der Kartoffeln geben. Gare Kartoffeln sofort pellen, in Butter goldgelb von allen Seiten anrösten und den Rosmarin unterschwenken. Nur, wenn es notwendig erscheint, würzen.

Pilze und Bohnen

In einer zweiten Pfanne werden die Pilze unter Zugabe von einigen Tropfen Wasser mit Pfeffer und Salz in Butter angeschwenkt. Die blanchierten Bohnen hinzufügen und dann abschmecken. Alle Bestandteile werden geschmackvoll angerichtet und die Haxe mit heißer Sauce überzogen.

Mein Tipp für Sie

Sollten Sie keine Möglichkeit haben, Fonds, Glacen oder Saucen selbst herzustellen, schicke ich sie Ihnen gern ins Haus.

Variation vom Lamm
mit Thymianjus, Bohnen, Shii-Take-Pilzen und Rosmarinkartoffeln

Für mich ist Lamm eine der aromatischsten und charaktervollsten Fleischarten. Bei diesem Fleisch ist geschmacklich genau zu erkennen, unter welchen Bedingungen und mit welcher Sorgfalt das Tier aufgezogen wurde. Lämmer gehören zu den duldsamen und bescheidenen Tieren. Sie vertragen sich und schützen sich gegenseitig vor den Launen der freien Natur. Ihre Nahrung besteht fast ausschließlich aus aromatischen Wiesenpflanzen und duftendem Heu. Belässt man die Tiere in dieser beschaulichen, gesunden Lebensweise, so liefern sie ein Fleisch, das von Gourmets zu den wahren Delikatessen gezählt wird. Um den Genuss perfekt zu machen, habe ich in meinem Gericht ein rosa gebratenes Carré mit einer zart geschmorten Haxe kombiniert. Da ich kein Verfechter der übermäßigen Verwendung von Knoblauch bin, machte ich mir die äußerst feinen Knoblaucharomen der Shii-Take-Pilze zu nutze und vollendete das Ganze mit kräftigen Nuancen von geröstetem Thymian und Rosmarin.

Zutaten für 4 Personen

Taube und Wachtel
4 Tauben
4 Wachteln
40 ml Öl
Salz
Pfeffer aus der Mühle

Sauce
Knochen der ausgelösten Tauben und Wachteln
50 g Karotten
50 g Sellerieknolle
50 g Zwiebeln
50 g Schalotten
150 ml Rotwein
100 ml Portwein
0,5 l Geflügelfond
Salz, weißer Pfeffer aus der Mühle
kalte Butterwürfel

Farce
100 g Fleisch von der Wachtel- und Taubenkeule
100 ml süße Sahne
4 Spinatblätter
200 g sauberes, gewässertes Schweinenetz
Salz, weißer Pfeffer aus der Mühle

Kräuterknödel
1/2 Toastbrot
50 ml Öl
0,1 l Milch
50 g Zwiebelwürfel
50 g Butter
2 Eier
20 g frische Kräuter
Wiesenkräutersalz
Muskat
weißer Pfeffer aus der Mühle
10 g Butter zum Anbraten

Vorbereitung

Die Brüste mit den Flügelknochen werden von der Taube und der Wachtel ausgelöst und kalt gestellt. Die Keulen ebenfalls vom Knochengerüst trennen und von allen Knochen befreien. Die Spinatblätter werden in Salzwasser blanchiert.

Taube und Wachtel

Von dem Keulenfleisch und der Sahne wird unter Zugabe von Salz und weißem Pfeffer in der Küchenmaschine eine Farce hergestellt. Das Schweinenetz wird viermal im Rechteck (20 x 30 cm) ausgelegt und dünn mit der Farce bestrichen. Darauf werden nebeneinander jeweils eine Wachtel- und eine Taubenbrust gelegt, die ebenfalls mit der Farce bestrichen werden. Nun jeweils eine Brust mit einem Spinatblatt belegen und beide Brüste mit dem Schweinenetz zu je einer Rolle (Ballotine) formen. So vorbereitet, werden sie in heißem Öl von allen Seiten goldbraun angebraten und 10 Minuten bei 100° C gargezogen. Inzwischen werden die verbliebenen Brüste gewürzt, angebraten und 5 Minuten bei 100° C gargezogen.

Sauce

Die Geflügelknochen werden klein gehackt und in einer Kasserolle in heißem Öl kross angebraten. Die feinwürfelig geschnittenen Wurzelgemüse und, etwas später, die Zwiebeln hinzufügen und hellbraun mitrösten. Mit Rotwein ablöschen, etwas später den Portwein und den Geflügelfond hinzugeben und alles leise köcheln lassen. Nach ca. 40 Minuten passieren, abschmecken und mit kalten Butterwürfeln binden.

Kräuterknödel

Das Knödelbrot wird in 1 Zentimeter große Würfel geschnitten und in Öl zu goldgelben Croûtons angebraten. Mit heißer Milch überbrühen. Zwiebelwürfel in Butter glasig dünsten und zur Knödelmasse geben. Eier mit Gewürzen und fein gehackten Kräutern verquirlen und zu der Masse hinzugeben. Alle Zutaten zu einem Teig verrühren, in ein Leinentuch oder Aluminiumfolie rollen, fest einbinden und in Salzwasser garen. Nach dem Auskühlen werden die Knödel in Form von Rauten geschnitten und in der Butter knusprig angebraten.

Schwarze Walnüsse

Zubereitung nach der Beschreibung auf der übernächsten Seite.

Mein Tipp für Sie

Damit sich beim Braten feine Röstaromen bilden, sollte die Haut mit dem leichten Fettfilm immer außen sein. Wenn Sie die Möglichkeit haben, kaufen Sie Ihr Geflügel von kleinen privaten Züchtern. Sie wissen: Liebe geht durch den Magen – beginnt aber lange vorher.

Brüstchen von Taube und Wachtel mit schwarzen Walnüssen und gerösteten Kräuterknödeln

Taube und Wachtel – welch eine märchenhafte Genusswelt tut sich auf! Ein gut gefülltes Täubchen ist schließlich die Verheißung des Schlaraffenlandes, denn dort flogen sie, frisch gebraten, in die Münder der Glückseligen. Die vorzügliche Wachtel ist als Rebhuhnverwandte wohl der kleinste Leckerbissen aller Wildgeflügel. Jeder Liebhaber der guten Küche schätzt das zarte und trotzdem charaktervolle Fleisch des Haus- und Wildgeflügels. Ob Perl- oder Rebhuhn, Taube, Wachtel, Fasan, Ente oder Gans - jede Fleischart zeichnet sich auf Grund ihrer Eigenheiten aus und nimmt bei Feinschmeckern einen hohen Stellenwert ein. In meiner Jugend begann es ganz anders. Meine ersten Erfahrungen in Bezug auf Geflügel durfte ich mit dem Broiler machen. Ich wäre diesem Mastgeflügel nicht verfallen, hätte es den köstlichen Festtagsbraten meiner Oma Meta nicht wirklich nur an Feiertagen gegeben. Auch das Tranchieren und Portionieren der Weihnachtsgans wurde entsprechend zelebriert. Dies war Aufgabe des Familienoberhauptes; und ich habe damals schnell begriffen, dass die Keulen oder Schenkel dem Starken in der Familie vorbehalten waren. Heute sind glücklicherweise an meinen bevorzugten Geflügelsorten die Brüste das Vorzügliche; und deshalb ist es wirklich erstrebenswert, ein Tauben- und Wachtelbrustliebhaber zu sein.

Aus unreifen, noch grünen Nüssen lässt sich eine äußerst wohlschmeckende Leckerei erzeugen. Die Herstellung von schwarzen Walnüssen ist ein sehr aufwendiges Unterfangen. Aber die Mühe lohnt sich! Man erhält ein sehr individuelles Produkt, das sich wunderbar mit Geflügel, Wild und Desserts kombinieren lässt. Je nach Verlauf des Frühsommers kann man die unreifen Früchte von Ende Juni bis Mitte Juli pflücken. Sie müssen noch so weich sein, dass man sie mühelos mit einem Messer durchschneiden kann. Damit sich der Aufwand lohnt, sollte man mindestens 5 Kilogramm grüner Walnüsse ernten. Die gewaschenen Nüsse werden mit einem Holzspieß ringsherum durchstochen und 14 Tage, kühl stehend, gewässert. Das Wasser muss dabei mindestens zweimal täglich erneuert werden. Auf diese Weise erreicht man, dass die Bitterstoffe herausziehen. Dann wäscht man die inzwischen schwarz gewordenen Nüsse mit viel Wasser gründlich ab und kocht sie, mit einmaligem Wasserwechsel, so weich, dass man sie leicht mit einem Holzspieß durchstechen kann. Sie werden noch einmal eine Nacht lang in frisches kaltes Wasser gelegt. Jetzt kocht man eine dicke Zuckerlösung, indem man für jedes Kilogramm Nüsse 0,5 Liter Wasser mit 1 Kilogramm Zucker aufkocht. Pro Kilogramm Nüsse verfeinert man diesen Sirup mit der hauchdünnen Schale und dem Saft einer Zitrone, einer Gewürznelke und Zimtrinde, je nach Geschmack. Das Ganze wird aufgekocht und durch ein Sieb passiert. Die Nüsse jetzt 10 Minuten in diesem Sirup kochen und 2 Tage abgedeckt darin belassen. Dann gießt man den Saft ab und kocht ihn etwas ein. Die Nüsse werden inzwischen in Gläser gefüllt, mit dem Sirup übergossen und sofort heiß verschlossen.

Schwarze Walnüsse

In ländlichen Gegenden gab es früher die schöne Sitte, bei der Geburt eines Kindes einen Baum zu pflanzen. Er wurde als Lebensbaum hoch geschätzt und war ein Symbol der Geborgenheit. Nicht selten war es ein Walnussbaum, der mit seinem prächtigen Wuchs Generationen überdauerte.
Viele schöne Traditionen verknüpfen sich mit seinen Früchten. Am Nikolaustag steckt man sie in geputzte Stiefel, ein Weihnachtsteller ohne Nüsse ist undenkbar und schließlich zieren sie, versilbert oder vergoldet, so manchen Weihnachtsbaum. Der Walnussbaum war eben schon immer ein Liebling des Volkes.
Auch auf der Insel Rügen sind Walnussbäume glücklicherweise stark verbreitet. Noch heute sind auf alten Gehöften prächtige, uralte Exemplare zu finden.
Jedes Jahr im Spätherbst beobachten wir das lustige Treiben der Raben vor unserem Hause. Sie haben intelligente Strategien entwickelt, um an den köstlichen Inhalt der Nüsse zu gelangen. So lassen sie, auf Laternen sitzend, die Nüsse einfach auf die Straße fallen, um sich sogleich auf den Inhalt der geplatzten Schalen zu stürzen. Lassen sie sich dabei zu viel Zeit, kommt ihnen prompt ein gieriger Rivale zuvor. Dieses Schauspiel sucht seinesgleichen. Aber nicht nur die Raben schätzen die Nüsse, welche wegen ihrer wertvollen Inhaltsstoffe auch sehr gesund sind. Allein wir haben uns einfachere Methoden des Nussknackens überlegt.

Zutaten für 4 Personen

Rehterrine
200 g Rehfleisch aus der Keule
180 g süße Sahne
30 g Bauchspeckwürfel, angeschwitzt
5 g Wiesenkräutersalz
100 g Rehfilet
4 Spinatblätter
10 g Karottenwürfel
10 g Selleriewürfel
10 g Pfifferlinge
10 g Pistazien
10 g Pinienkerne

Helle Farce
100 g Perlhuhnbrust
100 g süße Sahne
10 g Speckwürfel
Salz
Pfeffer aus der Mühle

Ummantelung
200 g Bacon (Bauchspeck)

Pfifferlinge
400 g Pfifferlinge
10 ml Öl
30 g Butter
50 g Schalottenwürfel
10 g Zwiebellauchröllchen
Salz
Zucker
weißer Pfeffer aus der Mühle

Terrine vom Reh

Das Rehfleisch wird durch die feine Scheibe des Fleischwolfes gelassen, dann unter Zugabe des Wiesenkräutersalzes mit der Sahne zu einer glatten Masse gemixt und kalt gestellt. Damit die Farce ihre Farbe hält und nicht zu trocken wird, werden die angeschwitzten Speckwürfel eingearbeitet. Die fein gewürfelten Gemüse gar dünsten, zum Schluss die Kerne rösten und kalt stellen. Das Rehfilet würzen, kurz anbraten und ebenfalls kalt stellen. Aus der Perlhuhnbrust und der Sahne wird unter Zugabe der Gewürze im Mixer eine helle Farce hergestellt. Auch hier die Speckwürfel einarbeiten. Nach dem Abkühlen werden die Rehmasse und die helle Perlhuhnfarce mit dem Gemüse und den Kernen vermengt und abgeschmeckt. Eine Terrinenform wird mit Aluminiumfolie ausgelegt und die gut gekühlten Scheiben vom Bauchspeck überhängend eingelegt. Die Hälfte der hellen Farce wird zuerst in die Form gegeben. Darauf kommt dann die gesamte Rehfarce, in die das in blanchierte Spinatblätter gewickelte Rehfilet eingelegt wird. Die verbliebene helle Farce schließt ab, die Terrine wird mit den überhängenden Speckscheiben abgedeckt und mit Aluminiumfolie verschlossen. Im vorgeheizten Ofen wird die Terrine in ein Wasserbad gestellt und, je nach Größe der Form, 1 bis 1,5 Stunden bei 120°C gegart. Die Terrine nach dem Auskühlen stürzen und tranchieren.

Gebratene Pilze

Pilze in Öl anbraten, etwas später die Butter und die Schalotten hinzufügen und durchschwenken. Erst zum Schluss die Gewürze und Lauchröllchen mit einschwenken.

Mein Tipp für Sie

Stellen Sie die Terrine am Vortag her. Sie hat sich dann entspannt und die Aromen der Produkte haben sich entfaltet. Statt des Rehfilets eignet sich auch Leber von Wild oder Geflügel. Reichen Sie zu diesem Gericht Blätterteigstangen, wie in diesem Kochbuch beschrieben. Auch eine feine Konfitüre oder ein Gelee ergänzen dieses Gericht vorzüglich.

Terrine vom Reh mit gebratenen Pfifferlingen

Unbestritten ist der Verzehr von Reh immer ein Hochgenuss. Keine andere Wildart liefert ein so zart strukturiertes Fleisch von gleichzeitig feinherber Würze. Jedoch nimmt dies nicht Wunder, denn das Reh selbst ist ein Feinschmecker. Einen „Nascher" nennen es die Jäger. Es sucht nach Blüten, Kräutern, Beeren, Knospen und Pilzen, den aromareichen „Waldzwergen", womit die Natur auch uns beschenkt. Leicht pfeffrig und äußerst delikat schmeckt der Pfifferling, ein gelb leuchtender Winzling auf grünem Grund. Reh und Pfifferling sind zwei Delikatessen, die sich wunderbar ergänzen und von denen es auf unserer Insel reichlich gibt – wenn man in der glücklichen Lage ist, zu wissen wie, wann und wo! Wir wissen es; und haben Reh und Pfifferling deshalb in einem sehr raffinierten Gericht den würdigen Auftritt verliehen. Die Kombination von leicht gekühlter Terrine und frisch gebratenen Pilzen ist einfach toll! Allerdings sollte man etwas Respekt vor der Herstellung einer Terrine haben. Respekt, aber keine Angst! Eine gute Vorbereitung am Vortag ermöglicht eine präzise Zubereitung. Sie werden sehen, Beifall und Anerkennung Ihrer Gäste lassen alle Mühen schnell vergessen.

Mürbeteig
100 g geschmeidige Butter
150 g Weizenmehl
1 Eigelb
1 Prise Zucker
1 Prise Salz

5 g Butter zum Einfetten der Backform

Frischkäsemasse
100 g Ziegenfrischkäse
100 ml saure Sahne
10 g Zucker
20 g Speisestärke
4 Eigelb
Fein gehackte Wildkräuter nach eigenem Gusto unter Verwendung von Thymian, Rosmarin und ein wenig Salbei als Mittelmeerkräuter, um einen aromatischen Geschmack zu erzielen.
Wiesenkräutersalz
Muskatnuss
weißer Pfeffer aus der Mühle

Tomatenconfit
1 kg rote Tomaten (vollreif und aromatisch)
Saft und Abrieb von 2 unbehandelten Zitronen
500 g Gelierzucker (2:1)

Exotischer wird das Confit mit Limetten.

Tomatenconfit

Die Tomaten werden gewaschen, vom Stielansatz befreit, geviertelt und mit dem Stabmixer püriert. Zusammen mit der geriebenen Zitronenschale, dem Zitronensaft und dem Gelierzucker im Topf vermischen und 3 Stunden durchziehen lassen. Zum Kochen bringen, 4 Minuten unter Rühren sprudelnd kochen lassen und sofort in Gläser füllen.

Salziger Mürbeteig

Das Eigelb wird mit der Butter, dem Salz und dem Zucker verrührt. Das Mehl hinzugeben und alles zu einem glatten Teig verkneten, der, in Klarsichtfolie eingeschlagen, eine Stunde kalt ruhen muss. Der Teig wird mit dem Nudelholz ausgerollt und in eine mit Butter eingefettete Pizzaform eingelegt. Den Teig mit Backpapier belegen und Linsen zum Blindbacken darauf geben. Auf diese Weise erhält der Boden seine Form, wenn der Teig so 20 Minuten bei 180° C gebacken wird. Die Linsen und das Backpapier entfernen und den Teig langsam auskühlen lassen.

Gekräuterte Frischkäsemasse

Alle Zutaten in einem Mixer gut vermischen und 30 Minuten kalt ruhen lassen. Auf den Teigboden geben und 25 Minuten bei 170° C backen. Die Tarte auskühlen lassen, portionieren und dazu das Tomatenconfit à la Knobloch reichen.

Mein Tipp für Sie

Egal, ob Sie Frischkäse von der Ziege mögen oder nicht; diese Tarte lässt sich aus allen Frischkäsearten herstellen.

Tarte mit gekräutertem Ziegenfrischkäse und Tomatenconfit

Mein Traum ...
Wanderung mit unseren Freunden Birgit und Otto in den Norden der Insel ...
Neddesitzer Kreidebrüche erreichen ... Huflattichblüten und die ersten Kammmolche entdecken ...
Steine ins Wasser werfen ... Picknickkörbe auspacken ... Scherzen ...
mit gutem Rotwein aus großen Kelchen anstoßen ... aromatische Kräuter sammeln ...
weiße Leinenservietten auf dem Schoß ... Tarte mit Frischkäse und Tomatenconfit hervorzaubern ...
Sonne am Karfreitag genießen ...
Zeit haben ... Lachen ... Philosophieren ...
Pläne schmieden ...
Leben !!!

Zutaten für 4-6 Personen

Marinierte Erdbeeren
800 g kleine Erdbeeren
50 g Puderzucker
Saft einer halben Zitrone
50 g Himbeeren

Kräuter-Eiscreme
6 Eigelb
250 ml Milch
250 ml Schlagsahne
100 g Zucker
1 Vanilleschote
150 g süße Kräuterblätter von:
Minze
Melisse
Süßdolde
Waldmeister
Zitronenverbene
Apfelbasilikum
Fenchel
ein wenig Zitronenthymian

Erdbeeren marinieren

Der Puderzucker wird mit dem Zitronensaft und den Himbeeren vermengt, zerdrückt und dann durch ein Sieb gestrichen. Mit dieser fruchtigen Sauce werden die Erdbeeren kurz vor dem Anrichten mariniert.

Kräuter-Eiscreme

Die Hälfte des Zuckers mit der Milch, der Sahne, der längs halbierten Vanilleschote und dem ausgekratzten Mark verrühren, kurz aufkochen und durch ein Sieb passieren. Der verbliebene Zucker wird mit den Eigelben in einem Kessel über dem Wasserbad warm aufgeschlagen. Die heiße Vanillemilch langsam mit in den Kessel geben, und diese Eismasse wird dann bis zur cremigen Bindung abgezogen. Danach wird der Kessel auf Eiswasser gesetzt, die Masse mit dem Gummispatel zügig kaltgerührt und die sehr fein gehackten Kräuter hinzugefügt. Ist die Eismasse richtig durchgekühlt, wird sie in der Eismaschine oder Sorbetière zu Eis gefroren.

Anrichten

Die marinierten Erdbeeren werden auf einem kalten, tiefen Teller angerichtet und mit süßen Kräutern dekoriert. Mit einem heißen Löffel wird aus dem Eis eine Nocke geformt, die auf die Erdbeeren gesetzt wird. Wer es noch nicht lassen kann, krönt das Dessert mit einem Schlag süßer Sahne.

Mein Tipp für Sie

Marinieren Sie die Erdbeeren zu lange, wird ihnen der Saft entzogen und das feine Aroma geht verloren.

Marinierte Erdbeeren mit Kräuter-Eiscreme

Es gibt wohl kaum eine andere Beerensorte, die in den Gärten unserer Region besser gedeiht, als die Erdbeere. Sie ist mit der Rose verwandt und für uns der Inbegriff des Sommers. Jung und Alt freuen sich auf die Erntezeit, und jeder Gärtner ist natürlich der Meinung, dass nur seine Erdbeeren die aromatischsten sind. Die Königin der Beeren muss ganz reif gepflückt oder gekauft werden, denn sie reift nicht nach. Vollreife Erdbeeren sind an ihrem verführerischen Duft zu erkennen. Sie werden nur ganz kurz mit dem Stiel gewaschen und bei schneller Verarbeitung nicht zu kühl gestellt, da ansonsten ihr Aroma verloren geht.

Zutaten für 6 Personen

Hefetaler
300 g Weizenmehl
1 Päckchen Trockenhefe
150 ml Milch
50 g Butter
50 g Zucker
1 Ei
1 kleine Prise Salz
geriebene Zitronenschale

80 g Konfitüre zum Füllen
1 EL zerlassene Butter
Puderzucker

Vanillesauce
4 Eigelb
60 g Zucker
250 ml Milch
1 Vanilleschote

Hefetaler

Das Mehl wird mit Zucker, Salz, Zitrone, Ei, Hefe, der weichen Butter und der warmen Milch in einer Schüssel vermengt und zu einem Teig verknetet. Mit einem Tuch abgedeckt wird der Teig an einen warmen Ort gestellt, bis er zum Dreifachen seines Volumens aufgegangen ist. Inzwischen eine Backform dünn mit Butter ausstreichen und mit Zucker bestreuen. Der gegangene Teig wird auf einer bemehlten Arbeitsfläche zu einer Kugel geknetet und halbiert. Mit dem Nudelholz wird jede Hälfte 1 Zentimeter dick ausgerollt. Dann mit Hilfe einer Ausstechform Taler in gewünschter Größe ausstechen, die flach in die Backform gelegt werden. Mit einem Löffel wird nun vorsichtig die Konfitüre mittig aufgesetzt und jeweils mit einem zweiten Taler abgedeckt. Die Ränder der gefüllten Taler werden mit der Gabel angedrückt, dann wieder abgedeckt und warm gestellt. Das Ganze ein zweites Mal gehen lassen. Die Taler dann 20 Minuten bei 180°C backen. Anschließend werden sie mit zerlassener Butter bestrichen und großzügig mit Puderzucker überstäubt.

Vanillesauce

Die Milch wird mit der Hälfte des Zuckers, der längs halbierten und ausgeschabten Vanilleschote und dem Vanillemark kurz aufgekocht. Das Eigelb im Anschlagkessel mit dem verbliebenen Zucker über heißem Wasserbad schaumig schlagen. Die heiße Vanillemilch wird zur durch ein Sieb passierten Zucker-Ei-Masse gefügt. Alles wird zur Cremigkeit abgezogen und sofort auf Eiswasser kaltgeschlagen.

Hefetaler mit Konfitürenfüllung

Die Hefetaler schmecken am köstlichsten, wenn sie mit selbst gemachter Konfitüre gefüllt und noch warm mit Vanillesauce serviert werden.

Zutaten für 4-6 Personen

Quarkklöße
250 g Magerquark
120 g Kartoffeln
2 Eigelb
30 g Weichweizengrieß
50 g Weizenmehl
1 Päckchen Vanillezucker
15 g Zucker
geriebene Zitronenschale

zum Karamellisieren
20 g Butter
100 g Zucker
1 Prise Zimt

Sauerkirschkompott
800g Schattenmorellen
0,4 l Sauerkirschsaft (100 %)
200 g Zucker

Quarkklöße

Damit der Quark zum Verarbeiten schön trocken ist, hüllt man ihn in ein Küchentuch und lässt ihn einen Tag über einem Sieb abtropfen. Die Kartoffeln werden in der Schale weich gekocht, gepellt und noch heiß durch die Presse gedrückt. Nachdem sie gut ausgedampft und abgekühlt sind, werden sie durch ein Sieb gestrichen. Die Kartoffelmasse und den Quark zusammen mit dem Eigelb, Vanillezucker, Zucker und Zitronenschale gut vermengen. Den Grieß und das Mehl nach und nach hinzugeben und locker verkneten. Aus der Masse nun Klöße formen, in kochendes Wasser geben und aufschwimmen lassen. Dann werden sie von der Hitze genommen und ziehen noch 5 Minuten, bis die Klöße mit der Netzkelle aus dem Wasser gehoben und auf einem Küchentuch trocken gelegt werden.

Kompott von Schattenmorellen

Der Zucker wird in einem flachen Topf erhitzt, bis er hellgelb karamellisiert. Zügig mit dem Kirschsaft ablöschen und zur Sauce einkochen. Wenn der Saft zu dicken beginnt, werden die gewaschenen, entstielten und entkernten Schattenmorellen hinzugefügt. Auf dem Feuer kurz durchrühren und dann weiter auf Eiswasser kaltrühren.

Anrichten

Das fertige Kompott auf tiefen Tellern anrichten. Die Quarkklöße werden in ausgelassener Butter in der Pfanne geschwenkt, in Zimtzucker gewälzt und auf das Kompott gesetzt. Dann werden sie mit einem Brenner flambiert, wobei der Zucker karamellisiert. Zur Vollendung empfehle ich eine Nocke Vanilleeis.

Karamellisierte Quarkklöße auf Kompott von Schattenmorellen

Holunderblütensirup

Hierzu erntet man zehn große, voll erblühte Holunderdolden, braust sie kurz ab und entfernt alle grünen Stiele mit der Schere. Das ist wichtig, denn sie enthalten Bitterstoffe, die den Geschmack des Sirups beeinträchtigen. Die Holunderblüten werden in einer Schüssel mit einer in Scheiben geschnittenen unbehandelten Zitrone bedeckt und mit einem Liter Wasser aufgefüllt. Den Ansatz abdecken und über Nacht stehen lassen. Am nächsten Tag wird er durch ein Leinentuch passiert, der Saft mit einem Kilogramm Zucker und dem Saft von zwei Zitronen aufgekocht und in saubere Flaschen gefüllt. Rosenblütensirup wird nach dem gleichen Prinzip wie Holunderblütensirup hergestellt. Beide Sirupsorten ergeben, mit Sekt, Prosecco oder Champagner aufgefüllt, einen ganz besonderen Sommeraperitif. In der dunkleren und kälteren Jahreszeit sorgen sie so für eine wunderbare Reminiszenz an den vergangenen Frühsommer.

Rosenblütengelee

Nachdem man ca. 200 Gramm einzelne Rosenblütenblätter gesammelt hat, werden sie verlesen und nur kurz abgebraust. Inzwischen einen 3/4 Liter Wasser zum Kochen bringen und die Blütenblätter mit einem kleinen Stückchen frischem Ingwer hineingeben. Alles wird gut durchgekocht und gelegentlich umgerührt. Die Blüten geben dabei ihre gesamte Farbe in das Wasser ab. Nun die Blütenblätter abseihen und den Saft von 3 Zitronen in die Flüssigkeit geben, die dann erkalten muss. Ein Liter dieser Rosenflüssigkeit wird jetzt mit der entsprechenden Menge Gelierzucker zu einem Gelee gekocht, heiß in Gläser gefüllt und sofort verschlossen.

Rosenzucker

Im Mörser oder in der Küchenmaschine 50 Gramm getrocknete Rosen mit 150 Gramm Zucker und einem Päckchen Vanillezucker zu Staubzucker zerkleinern. Dieser Rosenzucker eignet sich zum Bestäuben von Kuchen, Kleingebäck, Pralinen und anderen Süßspeisen.

Holunderblütensirup, Rosenblütengelee, Rosenzucker

Selten rankten sich um eine Pflanze so viele Mythen, wie um den guten alten, schwarzen Holunder. Schon die Germanen weihten ihn der Erdgöttin Frau Holle. Weil dies den christlichen Missionaren nicht gefiel, verbreiteten sie überall, dass die Zauberstäbe der Hexen aus Holunderholz geschnitzt waren. Deshalb ist der Hollerbusch in vielen Gegenden ein noch gebräuchlicher Name.

Wir haben zum Holunder eine ganz besondere Beziehung und halten uns dabei lieber an seine kulinarischen Möglichkeiten. Auf der Insel Rügen ist er sehr verbreitet, bereitwillig wächst er hier an Feld- und Wegrändern. Früher wurde er zum Schutz der Bewohner an jedes Haus gepflanzt.

Im Frühsommer verzaubern uns die blühenden Holunderbüsche mit ihrer schönen Optik und dem intensiven Duft. Um ihn einzufangen, kann man aus den schönen Blütenschirmen einen Sirup herstellen, den man das ganze Jahr lang für viele Köstlichkeiten verwendet. Es ist dabei von außerordentlicher Wichtigkeit, dass man die Dolden im richtigen Augenblick pflückt: Sie müssen mit einer goldgelben, duftenden Pollenschicht bedeckt sein.

Zur selben Zeit entfalten die Knospen der Apfelrose herrlich duftende Blüten. Zu unserer Freude erscheinen sie fast überall auf der Insel Rügen im Wildwuchs. Seit Jahrhunderten werden die Blütenblätter der Rosen für kulinarische Zwecke verwendet; die exotisch anmutenden Verwendungsmöglichkeiten sind schier unerschöpflich. Rosenblütengelee galt schon zu viktorianischer Zeit als Delikatesse. Reicht die Zeit zum Selbermachen nicht aus, kann man es auch fertig bei uns kaufen. Die duftende Ernte bringen wir von Juni bis August täglich in den späten Vormittagsstunden ein.

Zutaten für 4-6 Personen

Holunderblütenparfait
150 ml
Holunderblütensirup
(lt. Rezeptur in
diesem Kochbuch)
4 Eigelb
20 g Zucker
Saft einer Zitrone
10 ml Rum (54 Vol %)
250 ml Schlagsahne

230 g Rosenblütengelee
(lt. Rezeptur in diesem
Kochbuch)

Beeren
nach eigenem Gusto,
zum Beispiel:
Erdbeeren
Brombeeren
Stachelbeeren
Blaubeeren
Himbeeren
Johannisbeeren

Süße Kräuter
Minze
Waldmeister
Melisse
Süßdolde
Zitronenverbene
Ananas- oder
Apfelbasilikum

Holunderblütenparfait

Die Sahne wird steif geschlagen und zur weiteren Verarbeitung bereitgestellt. In einem Kessel über dem warmen Wasserbad das Eigelb mit dem Zucker, Rum und Zitronensaft schaumig schlagen. Erwärmten Holunderblütensirup hinzugeben und solange mit dem Schneebesen schlagen, bis die aufgeschäumte Masse in dicken Fäden schwer vom Schneebesen abläuft. Die Parfaitmasse wird nun über Eiswasser kalt geschlagen, die bereitgestellte Sahne untergehoben, in eine mit Folie ausgeschlagene Form gegeben und gefroren.

Anrichten

Das Rosenblütengelee wird auf einem kalten Teller angerichtet. Die vorbereiteten Beeren dekorativ dazu arrangieren. Mit süßen Kräutern dekorieren und großzügige Tranchen vom Holunderparfait aufsetzen.

Mein Tipp für Sie

Stellen Sie das Parfait mindestens am Vortag her. Es lässt sich gut im Tiefkühlfach aufbewahren.

Beeren aus Garten und Wald
auf Gelee von Rosenblüten mit Holunderblütenparfait und süßen Kräutern

Baumkuchenmasse
10 Eier
200 g Zucker
1 Vanilleschote
oder
1 Päckchen Vanillezucker
100 g Mehl
100 g Stärke
70 g Butter
1 Prise Salz

Schokoladenmousse
250 ml Milch
2 Eigelbe
70 g Zucker
5 Blatt Gelatine
250 ml geschlagene Sahne
100 g grob gehobelte Bitterschokolade

Himbeersauce
250 g Himbeeren
70 g Staubzucker
Zitronensaft, je nach Säure der Himbeeren

Himbeersauce

Hierzu werden die Himbeeren mit dem Staubzucker im Mixer püriert und durch ein Sieb gestrichen. Gegebenenfalls mit etwas Zitronensaft abschmecken.

Baumkuchen

Den Baumkuchen bitte am Vortag backen. Hierzu werden die Eier getrennt, das Eiweiß steif geschlagen und kalt gestellt. Das Eigelb mit Zucker, dem Mark der Vanilleschote (Vanillezucker) und einer Prise Salz schaumig schlagen. Die Butter schaumig rühren und zur Eimasse hinzufügen. Mehl und Stärke über die Kuchenmasse sieben, glattrühren und das steif geschlagene Eiweiß vorsichtig unterheben. Backofen mit Oberhitze und Grill auf 180° C vorheizen. Die Baumkuchenmasse mit Hilfe eines Teigschabers dünn auf ein mit Butter bestrichenes Blech auftragen und verteilen. Auf die obere Schiene des Rohres schieben und goldgelb bis hellbraun backen. Herausnehmen, die nächste dünne Schicht des Teiges auftragen und backen. Dies solange wiederholen, bis der Teig verbraucht ist. Die Größe und Höhe des Backbleches gibt dann die Form des Baumkuchens vor. Nach dem Auskühlen legt man eine Form mit dünn geschnittenen Baumkuchenscheiben aus.

Schokoladenmousse

Die Milch mit der halben Zuckermenge und der geraspelten Schokolade langsam unter Rühren erhitzen. Die Eigelbe werden mit dem verbliebenen Zucker im Kessel schaumig geschlagen. Nun die heiße Schokoladenmilch auf die Eimasse passieren und über einem warmen Wasserbad bis zur Rose cremig abziehen. In kaltem Wasser eingeweichte Gelatine wird ausgedrückt und zur Schokoladenmasse gegeben. Nun den Kessel auf Eiswasser setzen und die Masse kaltrühren, bis sie anzieht. Schnell die steif geschlagene Sahne unter die stockende Masse heben, sofort in die mit Baumkuchen ausgelegte Form geben und mit Baumkuchenscheiben abdecken. Mit frischen Beeren, Minze und Dessertsauce wird dieses Dessert zu einem optischen und kulinarischen Höhepunkt.

Schokoladenmousse im Baumkuchenmantel
auf Sauce von frischen Himbeeren

Ein sehr nützlicher Nebeneffekt lässt sich erzielen, wenn man beim Sammeln von Kräutern und Blüten gleich größere Mengen mitbringt und, sortenrein, für Kräutertees trocknet. Wir trocknen unsere Teekräuter ohne Stiele und grob geschnitten auf unserem luftigen Dachboden in Spankörben und heben sie bei regelmäßigen Kontrollen locker durch. Da sich die ätherischen Öle der Kräuter ab einer Temperatur von mehr als 30° C verflüchtigen, ist ein sehr schonendes Trocknen oberstes Gebot. Unsere Teemischung besteht aus Blättern der Minze, Brennnessel und Zitronenverbene, aus Blüten der Schafgarbe und des Holunders sowie Rosenblüten der Rosa Rugosa. Im Geschmack kommt dieser Tee blumig daher, verbunden mit der feinen Würze von Minze und Zitronenverbene. Da man die Ingredienzen separat trocknet, ist eine Mischung ganz nach individuellem Geschmack gestaltbar. Man befindet sich in der wunderbaren Lage, selbst zu bestimmen, ob der feine Blütengeschmack oder die erfrischenden Aromen der Minze oder Verbene vordergründig auftreten sollen. Egal, wie man sich entscheidet; man holt sich mit diesem Tee auf jeden Fall einen Hauch des Sommers in die winterliche Stube.

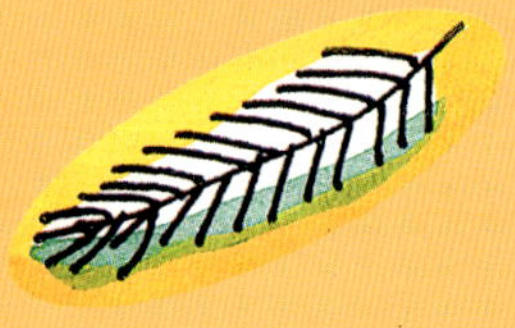

Sommerlicher Kräutertee

Demi Glace
2 kg Fleischknochen, klein gesägt
60 g Pflanzenöl
30 g Selleriewürfel
30 g Karottenwürfel
30 g Zwiebelwürfel
30 g Zwiebel oder Lauch
1 EL Tomatenmark
1 Thymianzweig
Pfeffer
0,5 l Rotwein

Geflügelfond
1 kg Geflügelklein
50 g Zwiebelwürfel
50 g Karottenwürfel
70 g Selleriewürfel
30 g Pflanzenöl
1 Lorbeerblatt
5 Pfefferkörner

Fischfond
100 g Schalottenwürfel
60 g Selleriewürfel
30 g Fenchelwürfel
1 Knoblauchzehe
100 ml Weißwein
1 Tomate
60 g Pflanzenöl
2 kg Fischgräten (nur von weißen Fischen)
1 Lorbeerblatt
5 Pfefferkörner
1 Thymianzweig

Demi Glace

Je nachdem, für welches Gericht man diesen Basisfond herstellen möchte, kann man sowohl Knochen vom Lamm, Wild, Geflügel, Schwein, Rind und Kalb verwenden. Die Knochen in einem Topf mit heißem Öl kräftig anrösten. Gemüse nacheinander hinzugeben und mitrösten. Tomatenmark hinzufügen und alles unter Rühren solange rösten, bis sich das Tomatenmark bräunlich verfärbt. Nun schrittweise mit Rotwein ablöschen, bis die gewünschte Farbe erreicht ist. Gewürze und Kräuter hinzufügen und mit Wasser auffüllen, so dass die Knochen bedeckt sind. Ca. 3 Stunden köcheln und dabei abschäumen und entfetten. Je nach Stärke des Einkochvorganges erhält man eine kräftigere Farbe und intensiveren Geschmack. Durch ein Sieb passieren, das vorher mit einem Tuch ausgelegt wurde.

Geflügelfond

Die Geflügelteile im Öl nur hellbraun anbraten, die grob gewürfelten Gemüse dazugeben und mitdünsten, ohne dass sie Farbe nehmen. Mit kaltem Wasser auffüllen, bis alles leicht bedeckt ist. Aufkochen und mehrmals abschäumen. Gewürze hinzugeben und den Fond 2 Stunden bei milder Hitze leicht köcheln lassen. Durch ein feines Sieb oder Tuch seien und, wenn gewünscht, noch etwas einkochen (reduzieren).

Fischfond

Die fein geschnittenen Gemüsewürfel im Öl anschwitzen und mit Wein ablöschen. Die klein geschnittenen Fischgräten zusammen mit Knoblauch und Tomate dazugeben und mit Wasser auffüllen, so dass die Gräten leicht bedeckt sind. Aufkochen lassen und mehrmals abschäumen. 15 Minuten bei milder Hitze leicht köcheln lassen, Gewürze und Kräuter hinzufügen und 15 Minuten ziehen lassen. Durch ein feines Sieb oder Tuch passieren und, wenn gewünscht, noch etwas einkochen (reduzieren).

Mein Tipp für Sie

Verwenden Sie einen großen, flachen Topf, um den Röstvorgang zu intensivieren und zu beschleunigen. Stellt man die Demi Glace aus Kalbsknochen her, kann man sie universell verwenden. Geflügel direkt vom Bauernhof bringt nach wie vor den besten Geschmack in Ihren Geflügelfond. Verwenden Sie niemals Gräten oder Abschnitte vom Lachs für Fischfond, Suppe oder Sauce. Sie erzeugen einen tranigen, dumpfen Geschmack.

Grundrezepte: Demi Glace, Geflügelfond, Fischfond

Erkenntnisse aus meiner Kräuterküche

Gerichte mit Kräutern schmecken besser!

Kräuter haben Aromastoffe, die entweder den typischen Geschmack der Lebensmittel betonen und unterstreichen oder mit ihrem Eigengeschmack besonders zur Geltung bringen.

Ein mit Kräutern zubereitetes Gericht wird mit größerem Appetit gegessen!

Schon allein der Duft der Kräuter lockt die Verdauungssäfte und weckt den Appetit. Hinzu kommt, dass Speisen, die mit Kräutern zubereitet wurden, besonders schön aussehen, denn das Auge isst bekanntlich mit.

Ein Gericht mit Kräutern ist leichter verdaulich!

Die ätherischen Öle der Kräuter regen die Abgabe von Verdauungssäften an, so dass die Speisen besser bekommen. Ein gutes Beispiel ist die Wirkung von Thymian und Beifuß, die zu Bratengerichten gegeben werden, um sie leichter verdaulich zu machen.

Ein Gericht mit Kräutern ist gesünder!

Fehlen Vitamine und Mineralstoffe in der Nahrung, fühlt man sich müde, abgespannt und weniger widerstandsfähig. Da Kräuter diese Inhaltsstoffe besitzen, können sie jedes Gericht zu einem vollwertigen Essen ergänzen. Damit weder Vitamine noch Aroma verloren gehen, werden Kräuter grundsätzlich am Ende der Garzeit hinzugegeben. Sie dürfen nur noch mitziehen.

Peter Knobloch an seiner funktionsfähigen Kochmaschine für Kinder aus dem 19. Jahrhundert

Die Dosierung macht es!

Durch Überwürzen mit Kräutern geht ihre Annehmlichkeit verloren. Deshalb liegt die Kunst besonders im Auswählen der richtigen Kräuter und in der Dosierung. Geschickt gewürzte Nahrung wird mit größerer Lust gegessen. Und eines möchte ich nicht unerwähnt lassen: Vielen Kräuter wird eine erotisierende Wirkung nachgesagt, sie haben also einen förderlichen Einfluss auf die Liebesfähigkeit! Diesbezüglich habe ich meine Kräuter gefunden.

Unser Schatzkeller

Hier befinden sich all die kleinen, wertvollen Küchenhelfer, die Ihnen das Zubereiten Ihrer Kochkreationen und Getränke erleichtern. So ist der Genuss perfekt!

Wir schicken Ihnen:
all unsere Salze, je nach Saison;
feinste Saucen, Jus, Glacen und Essenzen,
eine große Auswahl an Gelées, Confits, Konfitüren und Eingemachtem,
die Sie als Aufstriche oder als aromatische Käsebegleiter einsetzen können;
Holunderblüten- oder Rosenblütensirup als Basis für Apéritifs und Desserts;
getrocknete Kräuter und Blüten zum Verfeinern von Salaten und Dressings;
unseren Kräutertee;
Backpflaumenbalsam, der speziell Ihr Vanilleeis krönt;
beide Kochbücher der Reihe RÜGEN SCHMECKT von Peter Knobloch.

Peter und Christina Knobloch, Friedrichstraße 8, 18586 Ostseebad Göhren/Insel Rügen
FON: 038308-34094, FAX: 038308-34095 **MAIL: info@villa-mit-sonnenhof.de**
MOBIL: 0173-2067413 **VERSAND: www.villa-mit-sonnenhof.de**

Inhalt